한국인, 러시아인 모두를 위한
일상 생활의 필수 회화

Русский язык
для носителей
-корейского языка

Корейский язык
для носителей
-русского языка

김춘식, 김정숙

MP3 CD
3부 회화 녹음

활용
러시아인-한국어
한국인-러시아어
회화

НАИБОЛЕЕ
УПОТРЕБИТЕЛЬНЫЕ
ДИАЛОГИ

문예림

http://www.bookmoon.co.kr

활용 러시아인-한국어 한국인-러시아어 회화

초판 3쇄 인쇄 2022년 6월 20일
초판 3쇄 발행 2022년 6월 30일

지은이 김춘식, 김정숙
펴낸이 서덕일
펴낸곳 문예림

주소 경기도 파주시 회동길 366 (10881)
전화 (02)499-1281~2
팩스 (02)499-1283
전자우편 info@bookmoon.co.kr

출판등록 1962.7.12 (제406-1962-1호)
ISBN 978-89-7482-826-4 (13790)

잘못된 책은 구입하신 서점에서 교환하여 드립니다.
이 책은 저작권법에 의해 보호를 받는 저작물이므로 무단 전재와 복제를 금합니다.

글을 시작하면서

한나라의 언어를 배우는 것은 결코 쉬운 것이 아닙니다.

러시아어는 한국어와 어순과 문법구조가 달라 배우기가 쉽지 않습니다. 그러나 한국어는 과학적이고 뜻글자이면서 소리글자로 구성되었기 때문에 누구든지 쉽게 배울 수 있는 것이 한국어의 장점입니다.

러시아어에 익숙해 있는 사람들은 한국어 문법구조에 있어서 양국간의 문법체계인 어순이 다르므로 약간의 어려움이 따르겠지만 복잡한 문법만 다소 익혀서 쉽게 익숙해지면 적응될 것으로 봅니다.

왜냐하면 많은 외국인들이 한국어를 쉽게 익히는 것을 여러나라에서 볼 수 있었습니다

지금은 글로벌시대를 맞이하여 국제결혼은 우리이웃에게서 흔히 볼 수 있는 일이며 많은 근로자들이 한국에서 근로를 하며 또한 많은 러시아어를 사용하는 사람들이 한국을 방문하여 직업을 위하여 또는 정착하여 살고 있는 현실로 다가온 지금에는 국제결혼한 가정에서 언어의 소통문제로 행복해야할 가정에서 어려움을 격고 있는 안타까움을 볼 수 있습니다. 그러므로 언어 소통은 당장 해결해야 할 최우선 과제로 대두되고 있습니다. 이 작은 책이 국제결혼한 사람들과 한국을 방문하여 청운의 꿈을 이루고자 하는 많은 젊은이들에게 언어소통에 조금이나마 도움이 되고자 하는 마음으로 집필하게 되었습니다.

아직도 부족한 부분이 많은 줄 알지만 차츰차츰 발전시켜 더욱 좋은 책이 되도록 필자들은 노력할 것을 약속합니다.

이 책을 만드는 도움을 준 많은 분들과 도서출판 문예림 서덕일 사장님을 비롯하여 임직원들께도 감사를 드립니다.

2014. 9.
저자 김춘식, 김정숙

Приступая к работе

Изучение иностранного языка представляет собой довольно сложный и долгий процесс. Порядок слов и грамматическая структура русского языка отличается от корейского, поэтому выучить его нелегко.

Но преимуществом корейского языка является создание его на научной основе и наличие в нем смыслового и буквенного обозначения, поэтому выучить его с лёгкостью может каждый желающий.

Носители русского языка сталкиваются с небольшими трудностями в изучении корейского языка по причине различия в порядке слов и структуре грамматики, но только усвоив основы довольно сложной грамматики ко рейского языка, они с лёгкостью могут продолжить его изучение. Это подтверждает тот факт, что многие иностранцы с успехом овладевают корейским языком.

В настоящее время, в век глобализации мы часто сталкиваемся с межнациональными браками, многие иностранцы приезжают на заработки в Корею, а также многие носители русского языка посещают нашу страну не только в качестве туристов, но и с целью приобрести профессию или осесть здесь на постоянное место жительства, а в межнациональных семьях, которые должны казалось бы жить счастливо можно наблюдать как супруги испытывают трудности из-за барьера в общении.

Поэтому назрела первостепенная необходимость в преодолении языкового барьера. Эта небольшая книга была создана для людей, состоящих в межнациональном браке, и молодёжи, приезжающей в Корею, связывая с ней свои надежды на будущее и составители надеются, что она внесет небольшую лепту в преодоление языкового барьера.

Зная о том, что книга несовершенна и требует доработки, составители обещают постоянно прилагать усилия по её усовершенствованию.

Выражаем благодарность всем лицам, оказавшим содействие в составлении и издании книги, а также сотрудникам издательства Мунерим во главе с господином Со Док Иль.

2014. 9.
Составители Ким Чун Сик, Ким Ден Сук.

목 차 Содержание

글을 시작하며 ··· 3

제1부 발음과 문법
(Часть 1 Фонетика и грамматика)

제1과 발음(Фонетика) / 12

Ⅰ. 러시아어 발음(Фонетика русского языка)
 1. 알파벳(Алфавит)
 2. 모음(Гласные)
 3. 자음(Согласные)

Ⅱ. Фонетика корейского языка(한국어 발음)
 1. Гласные и согласные корейского алфавита
  (한글의 자음과 모음)
  ① Произношение гласных (모음의 발음)
  ② Произношение гласных (자음의 발음)

제2부 주로 사용하는 단어
(Глава 2 Наиболее употребительная лексика)

Ⅰ. 가족관계(Семейные отношения) / 58

Ⅱ. 숫자, 양사, 순서
 (Числа, количественные и порядковые) / 63

목 차 Содержание

Ⅲ. 시간(Время) / 71

Ⅳ. 나이(Возраст) / 81

Ⅴ. 색깔(Цвета) / 83

Ⅵ. 감각에 관한 형용사들
   (Прилагательные, выражающие чувства) / 85

Ⅶ. 방향(Направление) / 88

Ⅷ. 재는(측량) 단위(Единицы измерения) / 90

Ⅸ. 신체(Части тела) / 92

Ⅹ. 병명과 약(Заболевания и лекарства) / 97

Ⅺ. 교통수단과 장소
   (Транспортные средства и место) / 128

Ⅻ. 살림(Домашнее хозяйство) / 134

ⅩⅢ. 생활용품(Бытовые принадлежности) / 144

ⅩⅣ. 욕실용품(Принадлежности для ванной) / 149

ⅩⅤ. 화장품(Косметика) / 151

ⅩⅥ. 아이용품(Детские принадлежности) / 154

목차 Содержание

제3부 유용한 대화들
(Часть 3 Полезные диалоги)

A. 현지(러시아)에서 유용한 대화
(Диалоги, употребляемые в России) / 158

제1과 처음 만날 때(Первая встреча)

제2과 데이트 및 신혼 첫날 밤 대화(Свидания и диалоги в первую брачную ночь)

제3과 결혼식 때 대화(Диалоги во время церемонии бракосочетания)

제4과 식당에서 대화(Диалоги в ресторане)

제5과 이동시 대화
(Диалоги во время передвижения)

제6과 호텔에서 대화(Диалоги в гостинице)

B. 한국에서 유용한 대화들
(Диалоги, употребляемые в Корее) / 175

제1과 신부가 입국(공항에서)
(Приезд невесты(в аэропорту))

제2과 신부가 시집 왔을 때(Невеста в доме мужа)

목 차 Содержание

제3과 남편이 일하러 갈 때(갔다 올 때)

    (Когда муж идет на работу(приходит с работы))

제4과 인사(Приветствие)

제5과 질문과 대답(Вопрос - ответ)

    Ⅰ. 질문(Вопрос)

    Ⅱ. 대답(ответ)

제6과 감사, 사과(Благодарность, Извинения)

제7과 부탁, 권유(Просьба, Приглашение)

제8과 전화걸기와 받기(Телефонный разговор)

제9과 가격(Цены)

제10과 물건사기(Покупка)

    Ⅰ. 쇼핑할 때 필요한 대화

    Ⅱ. 남편과 아내가 함께 쇼핑하러 갈 때

제11과 식사(Трапеза)

    Ⅰ. 집에서 가족과 함께 밥을 먹을 때

      Ⅰ-1. 밥상에서 먹기 전에 하는 말

      Ⅰ-2. 밥을 먹는 중에 부부가 할 수 있는 대화들

      Ⅰ-3. 밥을 먹은 후에 하는 말

    Ⅱ. 부부가 외식 할 때

목 차 Содержание

제12과 몸, 병, 치료(Части тела, болезни, лечение)
    Ⅰ. 신체
    Ⅱ. 아플 때
    Ⅲ. 약국에서
    Ⅳ. 병원에서
    Ⅴ. 아내가 임신할 때
        Ⅴ-1. 임신한 것 같은 느낌이 들 때
        Ⅴ-2. 산부인과에 갔을 때

제13과 교통(Движение)

제14과 남편이 늦게 집에 오니까 아내가 삐질 때
    (Ситуация когда муж поздно вернулся домой, жена обиделась)

제4부 부록

Ⅰ. 상호간의 호칭(Взаимное обращение) / **252**

Ⅱ. 개인의 예절(Личный этикет) / **261**

Ⅲ. 국기 및 국가에 대한 예절
    (Этикет по отношению к флагу и гимну) / **291**

제1부 발음
Фонетика

- 제1과 발음(Фонетика)
  - I. 러시아어 발음(Фонетика русского языка)
    1. 알파벳(Алфавит)
    2. 모음(Гласные)
    3. 자음(Согласные)
  - II. 한국어 발음(Фонетика корейского языка)

제1과 발음

Фонетика

I. 러시아어 발음(Фонетика русского языка)

1. 알파벳(Алфавит)

차례	활자체	명 칭	발음	영어표기
1	А а	а 아	(a) 아	a
2	Б б	бэ 베	(b) ㅂ	b
3	В в	вэ 붸(웨)	(v) ㅂ	v
4	Г г	гэ 게	(g) ㄱ	g
5	Д д	дэ 데	(d) ㄷ	d
6	Е е	е(йэ) 예	(e) 예	e
7	Ё ё	ё(йо) 요	(jo) 요	yo
8	Ж ж	жэ 제(줴)	(з) ㅈ	zh
9	З з	зэ 제	(z) ㅈ	z
10	И и	и 이	(i) 이	i
11	Й й	и(краткое) 이끄라트꼬예	(j) 이	j
12	К к	ка 까	(k) ㄲ	k

Фонетика и грамматика

차례	활자체	명 칭	발음	영어표기
13	Л л	эль 엘	(l) ㄹ	l
14	М м	эм 엠	(m) ㅁ	m
15	Н н	эн 엔	(n) ㄴ	n
16	О о	о 오	(o) 오	o
17	П п	пэ 뻬	(p) ㅃ	p
18	Р р	эр 에르	(r) ㄹ	r
19	С с	эс 에스	(s) ㅆ	s
20	Т т	тэ 떼	(t) ㄸ	t
21	У у	у 우	(u) 우	u
22	Ф ф	эф 에프	(f) ㅍ	f
23	Х х	ха 하	(x) ㅎ	x
24	Ц ц	цэ 쩨	(ts) ㅉ	ts
25	Ч ч	че 쳬(체)	(tʃ') 치	ch
26	Ш ш	ша 샤(쇠)	(ʃ) 시	sh
27	Щ щ	ща 시챠(쑈)	(ʃ'tʃ') 시치	shch
28	ъ	твёрдый знак 뜨뵤르듸 즈낙	–	–
29	ы	ы 의	(ɨ) 의	y
30	ь	мягкий знак 먀그끼이 즈낙	–	–
31	Э э	э 에	(e) 에	e
32	Ю ю	ю(йу) 유	(ju) 유	ju
33	Я я	я(йа) 야	(ja) 야	ja

◎ 러시아어 알파벳은 위에서 본 것처럼 모두 33자로 구성되어 있다.

2. 모음(Гласные)

러시아어의 모음을 표시하는 철자는 모두 10개가 있다. 그 중 경자음을 표시하는 철자 5개와 연자음을 표시하는 철자 5개가 있다.

- 앞에 오는 자음이 경자음 임을 나타내는 경자음표시 모음은 다음 같다.

  А а ㅏ   우리말의 '아' 음과 비슷하다.
  하지만 우리말 '아' 음 보다 긴장정도가 더 강하다.
  мама(마마) 엄마. парк(빠르끄) 공원

  Э э ㅔ   우리말의 '에' 음과 유사하다.
  러시아어의 'э' 음은 혀끝을 아랫니에 대고 혀의 중간부분을 경구개를 향해 들어 올리며, 혀를 옆니에 밀착시켜서 내는 소리
  это(에또) 이것은, экспорт (엑스뽀르뜨) 수출

  Ы ы ㅢ   우리말의 '의' 음과 유사하다.
  이 모음을 정확히 발음하기 위해서는 혀를 뒤로 끌어당기면서 입천장 쪽으로 높이 들어 올리고, 입을 옆으로 벌려 강하게 긴장시키면서 발음해야 한다. (단어의 중간 또는 끝에서 사용됨)
  сын(씐) 아들, сыр(씌르) 치즈, вы(븨) 당신

  О о ㅗ   우리말 '오' 음과 유사하다.
  이 모음을 정확하게 발음하려면, 혀끝을 아랫니 쪽으로 내리고, 혀 뒷부분을 연구개를 향해 들어 올린후에 입술을 아래로 내밀어 둥그렇게 해야 한다
  осень(오센) 가을, дом(돔) 집, отпуск(옷뿌스까) 휴가

Фонетика и грамматика

У у ㅜ 우리말 '우' 음과 비슷하다.
  우리말 '우' 음에 비해 발음할 때 더 원순성이 강하며, 입을 벌릴 때 더 긴장해야 한다.
  ум(움) 지혜, улица(울리짜) 거리, уксус(욱수스) 식초.

• 앞에 오는 자음이 연자음 임을 나타내는 연자음표시 모음은 다음 같다

Я я ㅑ 우리말의 '야' 음과 유사하다.
  'и' 음과 'а' 음이 결합된 복모음으로 [и+а]로 발음한다.
  няня(냐냐) 유모, яма(야마) 구멍, язык(야직) 언어

Е е ㅖ 우리말의 '예' 음과 비슷하다.
  'и' 음과 'э' 음이 결합된 복모음으로 [и+э]로 발음한다.
  если(예슬리) 만약에, день(젠) 낮, есть(예스찌) 있다

И и ㅣ 우리말의 '이' 음과 비슷하다.
  이 모음을 정확히 발음하기 위해서는 혀를 입천장 쪽으로 가깝게 끌어당겨야 한다.
  книга(끄니가) 책, гость(고스찌) 손님, газета(가제따) 신문

Ё ё ㅛ 우리말의 '요' 음과 비슷하다.
  'и' 음과 'о' 음이 결합된 복모음으로 [и+о]로 발음한다.
  ёлка(욜까) 크리스마스 트리, мёд(묜) 꿀, тётя(쬬짜) 숙모

Ю ю ㅠ 우리말의 '유' 음과 비슷하다.
  'и' 음과 'у' 음이 결합된 복모음으로 [и+у]로 발음한다.
  юг(유그) 남쪽, ключ(끌루치) 열쇠, юрист(유리스뜨) 법률가

3. 자음(Согласные)

러시아의 모음은 모두 21개이다. 유성음과 무성음 그리고 소리나는 위

치에 따라 다음과 같이 분류할 수 있다.
- 두입술소리: 두 입술로 공기의 흐름을 막았다가 열면서 내는 소리

　П п ㅃ, ㅍ　우리말의 된소리 'ㅃ'에 가까운 무성음이다. 경음으로 발음함.
　　　　　парк(빠르끄) 공원, потом(빠똠) 다음에, папа(빠빠) 아빠

　Б б ㅂ　우리말의 된소리 'ㅂ'에 유사한 유성음이다.
　　　　　бабушка(바부쉬까)할머니, брат(부라뜨)형제, клуб(끌럽) 클럽

　М м ㅁ　두 입술 사이에 나는 양순음으로, 우리말 'ㅁ'과 비슷하다.
　　　　　мама(마마) 엄마, март(마르따) 3월, машина(마쉬나) 기계.

- 이-입술소리: 아랫입술을 윗니에 대었다가 떨어뜨리면서 내는 소리

　В в ㅂ　아랫입술을 윗니에 살짝 대었다가 떨어뜨리면서 내는 소리 우리말에는 동일한 음가가 없으며, 영어의 'v'와 유사하다.
　　　　　восток(보스똑) 동쪽, ваш(바스) 당신의

　Ф ф ㅎ　в의 무성음이다. 우리말에는 이에 상응하는 자음이 없으며, 영어의 'f'와 유사하다.
　　　　　фонарь(훠나리) 가로등, файл(화일) 파일, флаг(훨라그) 깃발

- 잇소리: 혀끝을 윗니 안쪽에 대엇다가 떨어뜨리면서 내는 소리

　Т т ㅌ, ㄸ　혀끝을 윗니 안쪽에 대어서 내는 무성음이다.
　　　　　우리말의 된소리 'ㄸ'에 가깝다
　　　　　тут(뚜뜨) 여기에, строительство(스뜨로이젤스뜨보) 건설, 건축

　Д д ㄷ　т의 유성음으로 우리말의 'ㄷ'음과 유사하다.
　　　　　да(다) 네, дом(돔) 집, 주택, друг(드루그) 친구

Фонетика и грамматика

С с ㅅ　우리말의 된소리 'ㅆ'에 가깝다. 영어의 s소리와 비슷하다.
　　　　сын(신) 아들, сон(손) 잠, мост(모스뜨) 다리

З з ㅈ　우리말에는 이에 상응하는 소리가 없다.
　　　　우리말의 'ㅈ'음과 유사하며, 영어의 z음과 유사하다.
　　　　запад(자빠드) 서쪽, музей(무제이) 박물관, знать(즈나찌) 알다

Н н ㄴ　우리말의 'ㄴ'과 유사하며, 영어의 'n'음에 가깝다.
　　　　нет(니예뜨) 아니다, ночь(노치) 밤, 야간, луна(루나) 달

Л л ㅁ　대체로 우리말의 'ㄹ'음과 유사하다. 그러나 우리말의 'ㄹ'음과 달리 혀끝이 윗니의 뒤쪽에 닿아서 내는 소리이다.
　　　　лиса(리사) 여우, лук(룩) 양파, культура(꿀뚜라) 문화

• 잇몸소리: 혀끝을 윗잇몸에 대고 내는 소리

Р р ㄹ　우리말의 'ㄹ'음과 달리 혀끝을 여러 번 진동시켜 내는 소리
　　　　река(레까) 강, рис(리스) 쌀, ремонт(레몬뜨) 수리, 정비

Ж ж ㅈ　우리말에는 정확히 상응하는 소리가 없으나, 대체로 '쥐'와 비슷하다. ш가 무성음인데 반해 유성음이다.
　　　　жена(줴나) 아내, журнал(줴르날) 잡지, тоже(또줴) 또한

Ш ш ㅅ　혀끝을 경구개를 향해 들어 올려서 혀와 잇몸 사이의 작은 틈을 통해 내는 소리이다. 우리말의 쉬에 가깝다
　　　　шар(솨르) 공, 구슬, шарик(솨리끄) 풍선, шахта(솨흐따) 광산

Ц ц ㅉ　우리말에 상응하는 자음이 없다. 'ㅉ'음과 약간 유사하다.
　　　　центр(N뜨르) 중심, царь(짜리) 황제, цвет(쯔베뜨) 색상

• 센 입천장소리: 혓몸 앞부분을 경구개에 대었다가 떼면서 내는 소리

Ч ч ㅊ　우리말의 'ㅊ'음과 유사하다. 러시아어의 ч음은 우리말과 달리 기음을 수반하지 않는다. 이 자음은 항상 연자음이다.

чай(차이) 차, час(차스) 시간, чёрный(쵸르느이) 검은

Щ щ ㅆ 이 자음에 상응하는 문자가 우리말에는 없다. 대체로 우리말의 '쉬' 음에 가깝다.

щель(쉘) 틈, 균열, щётка(쑈뜨가) 솔, 브러쉬, ещё(예쑈) 아직

Й й ㅣ 우리말의 'ㅣ'음과 거의 비슷히다. 하지민 и음보다 훨씬짧게 발음해야 한다. 이 자음은 자음 뒤에는 절대로 오지 않으며, 항상 모음과 결합하여 이중모음을 형성한다.

йод(이오드, 요드) 요오드용액, май(마이) 5월, мой(모이) 나의

• 여린입천장소리: 혀의 뿌리 부분을 연구개에 대었다가 떼면서 내는 소리

К к ㅋ, ㄲ 영어의 'k' 발음과 유사하지만, 기음을 소반하지 않는다. 우리말의 된소리 'ㄲ'에 가깝다.

кто(크또) 누가, Корея(까례야) 대한민국, 한국, как(깍) 어떻게

Г г ㄱ 연구개음으로 우리말의 'ㄱ'음과 유사하다.
к가 무성음인데 비해 г는 유성음이다.

газета(가제따) 신문, гость(고스찌) 손님, город(고-로드) 도시

Х х ㅎ 혀의 뒷부분과 연구개 사이의 좁은 통로를 통해서 공기를 유출시켜 내는 소리이다. 우리말의 'ㅎ'음을 발음할 때보다 뒷부분을 구개에 더 접근시켜 강하게 발음한다.

хорошо(하랴소) 좋다, холод(홀로드) 추위, химия(히미야) 화학

Фонетика и грамматика

▶ 경음부호 Ъ와 연음부호 Ь

- 경음부호 ъ(твёрдый знак): 단어 중간에 위치하여 앞부분과 뒷부분의 경계 역할을 하며, 발음할 때 부호가 있는 앞부분과 뒷부분을 서로 떼어서 발음함으로써 연자음 표시 모음 앞에 있는 자음의 연음화를 막아준다.

  съесть(스예쓰찌) 다먹다, отъезд(오찌예즈드) 출발, объект(오비엑뜨) 대상

- 연음부호 ь(мягкий знак): 앞에 나오는 자음이 연자음임을 나타낸다.

  мать(마찌) 어머니, дочь(도치) 딸, только(똘까) 단지

▶ 몇 가지 예외사항

1. 동사원형 어미인 -ть는(-찌), -чь는 (-치)로 발음
   ехать(예하찌), жечь(줴치)
2. 구개음화 현상으로 -де-, -ди-, -дя-, -те-, -ти-, -тя-는 각각 (-제-), (-지-), (-쟈-), (-쩨-), (-찌-), (-쨔-)로 발음
   дети(제찌) 어린이들, динамика(지나미까) 역학, дядя(쟈쟈) 아저씨, телевизор(쩰레비조르) 텔레비전, тяжесть(쨔줴스찌) 인력.
3. 연음부호가 단어 가운데 있는 경우 대부분의 -тель-은(-쩰-)로 발음
   строительство(스또로이쩰쓰뜨보) 건설, рентабельный(렌따벨늬) 안정적
4. 역점(力點)이 있는 -о-는 (오)로 발음되지만, 역점이 없으면 (오) 와 (아)의 중간발음을 하되, 대부분 (아)로 발음하며, 역점없는 -е-, -я-는 (이)에 가깝게 발음
   молоко(말라꼬) 우유, осень(오센) 가을, явление(이블레니에) 현상

러시아어 발음 규칙

▶ 모음의 발음 규칙

1. 강세가 있는 모음의 발음(a, o, e, я, и, y)

러시아어의 모음은 강세를 가질 때만 제 음가를 그대로 나타낸다. 강세를 가진 모음은 강세가 없는 다른 모음보다 상대적으로 더 길고 또렷하게 발음된다.

часто(차쓰또) 자주, осень(오씬) 가을, день(젠) 낮
моя(마야) 나의, мой(모이) 나의, иду(이두) 가다

2. 모음약화: 모음이 강세를 갖지 않을 때는 본래의 음가를 발휘하지 못하고 약화된다. 강세가 없는 모음은 강세를 가진 모음보다 더 짧고 약하게 발음된다.

3. 모음 a, o의 약화:

강세가 없는 a, o는 (ʌ) 또는 (ə)로 발음 된다. 강세 앞의 음절, 또는 어두의 첫 음절에서는 (ʌ)로 발음된다. 강세가 없는 기타 다른 음절에서는 (ə)로 발음된다.

сама(사마) 자신, пальто(빨또) 외투, она(아나) 그녀
окно(아크노), Москва(마쓰크바) 모스크바, молоко(말라꼬) 우유

4. 모음 e, я의 약화: 강세를 갖지 않는 e, я는 대부분(ji)로 발음되고, 일부 어미에서는 (jə)로 발음되기도 한다.

весна(베쓰나) 봄, язык(야직) 언어, море(모레) 바다
театр(찌아뜨르) 극장, яицо(야이쪼) 계란, тётя(쪼쨔) 숙모

5. 모음 и, y의 약화: 강세를 갖지 않는 и, y는 본래 음가를 유지하면서 상대적으로 짧게 발음된다.

бабушка(바부쉬까) 할머니, книги(크니기) 책

Фонетика и грамматика

▶ 자음 발음의 규칙

러시아어는 유-무성음 동화현상을 일으키며, 항상 역행동화한다.

1. 유성음화: 유성자음 앞의 무성자음은 유성자음으로 동화된다.

    также(또줴) 또한, отдых(옷디흐) 휴식

2. 무성음화: 무성자음 앞이나, 어미말에 위치한 유성자음은 무성자음으로 동화된다.

    автобус(압또부쓰) 버스, водка(보드카) 보드카
    бабка(밥까), год(고드) 일년, зуб(주브) 이,
    глаз(글라자) 눈, юг(유가) 남쪽

3. 향음(л, м, н, р)은 다른 자음들이 어떤 영향도 미치지 않고 또 자신도 동화되지 않는다. 마찰음 в는 자신은 무성음화 되지만 다른 자음을 유성음화시키지 않는다.

Ⅱ. 한국어 발음(Фонетика корейского языка)

1. Гласные и согласные корейского алфавита
   (한글의 자음과 모음)

согласные	в начале слова	слоги	в конце слова	транскрипция
ㄱ	г, гх	기역	к	гиек
ㄴ	н	니은	н	ниын
ㄷ	д, дх	디귿	т, д	дигыт
ㄹ	р	리을	ль	риыль

согласные	в начале слова	слоги	в конце слова	транскрипция
ㅁ	м	미음	м	миым
ㅂ	б, бх	비읍	б, п	биып
ㅅ	с	시옷	с, т	сиот
ㅇ	-	이응	н	иын
ㅈ	дь	지읒	дк, т	тиыт
ㅊ	ч	치읓	т	чхиыт
ㅋ	кх	키읔	к	кхиык
ㅌ	тх	티읕	т	тхиыт
ㅍ	пх	피읖	п	пхиып
ㅎ	х	히읗	х	хиыт
ㄲ	к	쌍기역	к	сангхиек
ㄸ	т	쌍디귿	т	сандхигыт
ㅃ	п	쌍비읍	п	санпхиып
ㅆ	сс	쌍시옷	т	сансиот
ㅉ	тц	쌍지읒	т	сантциыт
ㅏ	а	아	а	
ㅑ	я	야	я	
ㅓ	о	어	о	
ㅕ	йе, ё	여	йе, ё	
ㅗ	о	오	о	
ㅛ	ё	요	ё	
ㅜ	у	우	у	

Фонетика и грамматика

согласные	в начале слова	слоги	в конце слова	транскрипция
ㅠ	ю	유	ю	
ㅡ	ы	으	ы	
ㅣ	и	이	и	
ㅐ	э	애	э	
ㅒ	йе	얘	йе	
ㅔ	е	에	е	
ㅖ	йе	예	йе	
ㅚ	ве	외	ве	
ㅟ	ви	위	ви	
ㅢ	ый	의	ый	
ㅘ	ва	와	ва	
ㅝ	во	워	во	
ㅙ	вэ	왜	вэ	
ㅞ	ве	웨	ве	

В корейском алфавите - 40 букв:

19 согласных и 21 гласная

Транскрипция русскими буквами не передает все звуки.

Урок 1 (제1과)
Произношение гласных (모음의 발음)

ㅏ [а] произносится как (а) в русском языке.

ㅏ [а] обозначается буквой (а)

Примечание(주의):

아　+　　이: ребёнок
(а)　　　(и)

아　　← ㅇ + ㅏ
(а)　　(　а)

이　　← ㅇ + ㅣ
(и)　　(　и)

ㅓ [ㅇ] в корейском языке и (о) в русском языке отличается друг от друга как открытый и закрытый звуки.

ㅓ [ㅇ] обозначается буквой (о)

Примечание(주의):

어　+　머　+　니: мать
[о　　мо　　ни]

어　　← ㅇ + ㅓ
(о)　　(　о)

머　　← ㅁ + ㅓ
(мо)　　(м　о)

니　　← ㄴ + ㅣ
(ни)　　(н　и)

ㅗ [о] произносится как (о) в русском языке.

ㅗ [о]обозначается буквой (о)

Фонетика и грамматика

Примечание(주의):

오 + 이: огурец
[о   и]
오 ← ㅇ + ㅗ
(о) (о)
이 ← ㅇ + ㅣ
(и) (и)

ㅜ [у] произносится как (у) в русском языке
ㅜ [у] обозначается буквой (у)
Примечание(주의):

여 + 우: лисица
[йо   у]
여 ← ㅇ + ㅕ
(йо) (йо)
우 ← ㅇ + ㅜ
(у) (у)

ㅡ [ы] грудной звук произносится между (ы) и (ви)
ㅡ [ы] обозначается буквой (ы)
Примечание(주의):

그 ← ㄱ + ㅡ
(кы) (к ы)
그 он [кы]

ㅣ [и] произносится как (и) в русском языке.
ㅣ [и, ы] обозначается буквой (и) или (ы)

Примечание(주의):

아 + 이: ребенок
(а)   (и)

아 ← ㅇ + ㅏ
(а) (а)

이 ← ㅇ + ㅣ
(и) (и)

ㅐ [э] произносится почти как (э) в русском языке.
ㅐ [э] обозначается буквой (э)
Примечание(주의):
애 ребенок
[э]
애 ← ㅇ + ㅐ
(э) (э)

ㅔ [э] произносится как (э) в русском языке.
ㅔ [э] обозначается буквой (э)
Примечание(주의):
누 + 에: шелкопряд
[ну   э]
누 ← ㄴ + ㅜ
(ну) (н   у)
에 ← ㅇ + ㅔ
(э) (э)

ㅚ [вэ] произносится как (вэ) в русском языке.
ㅚ [вэ] обозначатся буквами (вэ)

Фонетика и грамматика

Примечание(주의):

외 + 투: пальто
[вэ   тху]
외 ← ㅇ + ㅚ
(вэ) (вэ)
투 ← ㅌ + ㅜ
(тху) (тх у)

ㅟ [ви] произносится как (ви) в русском языке
ㅟ [ви] обозначается буквами (ви)
Примечание(주의):

위 : желудок
(ви)
위 ← ㅇ + ㅟ
(ви) (ви)

▶ Упражнение(연습):

ㅏ(а)	아이 (аи)	ребенок
	아우 (ау)	младший брат
	아! (а)	ах!
ㅓ(о)	어머니 (омони)	мать
	아버지 (абочжи)	отец
	어디에 (одыэ)	где
ㅗ(о)	오이 (ои)	огурец
	토마도 (тхомадо)	помидор
	오! (о)	о!

ㅜ(у)	여우 (йоу)	лисица
	우유 (ую)	молоко
	아우 (ау)	младший брат
ㅡ(ы)	그 (кы)	он
	스위스 (сывисы)	Швейцария
	스무 (сыму)	двадцать
ㅣ(и)	아이 (аи)	ребенок
	오이 (ои)	огурец
	어머니 (омони)	мать
ㅐ(э)	애 (э)	ребенок
	개 (кэ, ге)	собака
	배 (пэ, бе)	корабль
ㅔ(э)	누에 (нуэ)	шелкопряд
	여기에 (ёгиэ)	здесь
	저기에 (чогиэ)	там
ㅚ(вэ)	외투 (вэтху, ветху)	пальто
	쇠 (соэ)	железо
	되다 (тоэда, двэда)	становиться
ㅟ(ви)	위 (ви)	желудок
	위하여 (вихаё)	для
	대위 (тэви, дэви)	капитан

Фонетика и грамматика

:: Урок 2 (제2과)
Произношение гласных (모음의 발음)

ㅑ [я] произносится как (я) в русском языке
ㅑ [я] обозначается буквой (я)
Примечание(주의):
약: лекарство
(як)
약   ← ㅇ + ㅑ + ㄱ
(як) (я   к)

ㅕ [ё] произносится как (йо) в русском языке
ㅕ [ё] обозначается буквой (ё)
Примечание(주의):
여   +   우 лисица
(ё)   у)
여   ← ㅇ + ㅕ
(ё)   (ё)
우   ← ㅇ + ㅜ
(у)   (у)

ㅛ [ё] произносится как (ё) в русском языке
ㅛ [ё] обозначается буквой (ё)
Примечание(주의):
요 [ё] матрац
요   ← ㅇ + ㅛ
(ё)   (ё)

ㅠ [ю] произносится как (ю) в русском языке
ㅠ [ю] обозначается буквой (ю)
Примечание(주의):

우 + 유: (коровье) молоко
(у)   (ю)
우   ← ㅇ + ㅜ
(у) (у)
유   ← ㅇ + ㅠ
(ю) (ю)

ㅐ [е] произносится как (йэ) в русском языке
ㅐ [е] обозначается буквой (е)
Примечание(주의):
애 эй!
[е]
애   ← ㅇ + ㅐ
(е) (е)

ㅔ [е] произносится как (е) в русском языке
ㅔ [е] обозначается буквой (е)
Примечание(주의):
예 да
[е]
예   ← ㅇ + ㅔ
(е) (е)

ㅢ [ы] произносится как (уи), бегло, но как дифтонг
ㅢ [ы] обозначается буквой (ы)

Фонетика и грамматика

Примечание(주의):

의 + 사: врач
(ы)   (са)

의 ← ㅇ + ㅢ
(ы) (ы)

사 ← ㅅ + ㅏ
(са) (с +   а)

ㅘ [ва] произносится почти как (ва) в русском языке.
ㅘ [ва] обозначается буквами (ва)
Примчани(주의):
왕 король
[ван]
왕 ← ㅇ + ㅘ + ㅇ
(ван) (ва   н)

ㅝ [во] произносится почти как (во) в русском языке
ㅝ [во] обозначается буквами (во)
Примечание(주의):
원 ← ㅇ + ㅝ + ㄴ
(вон) (во +   н)

ㅙ [вэ] произносится почти как (вэ) в русском языке.
ㅙ [вэ] обозначается уквами (вэ)
Примечание(주의):
왜 + 가 + 리 цапля
(вэ   га   ри)

왜 ← ㅇ + ㅙ
(вэ) (вэ)
가 ← ㄱ + ㅏ
(га) (г а)
리 ← ㄹ + ㅣ
(ри) (р и)

ㅞ [вэ] произносится почти как (вэ) в русском языке
ㅞ [вэ] обозначаетсяч буквой (вэ)
Примечние(주의):
웬 какой
(вэн)
웬 ← ㅇ + ㅞ + ㄴ
(вэн) (вэ н)

▶ Упражнение(연습):

ㅑ[я]	약 (як)	лекарство
	양말 (янмаль)	носки, чулки
	성냥 (соннян)	спички

ㅕ[ё]	여우 (ёу)	лисица
	여름 (ёрым)	лето
	영웅 (ёньун)	герой

ㅛ[ё]	요 (ё)	матрац
	민요 (минё)	народная песня
	학교 (хаккё)	школа

Фонетика и грамматика

ㅠ [ю]	우유 (ую)	(коровье) молоко
	유치원 (ючхивон)	детский сад
	유리 (юри)	стекло
ㅐ [е]	애! (е)	эй!
ㅖ [е]	예 (е)	да

(ответ старшему человеку по возрасту или должности)

	예술 (есуль)	исусство
	예순 (есун)	шестьдесят
ㅢ [ы]	의사 (ыса)	врач
	의자 (ычжа, ыджа)	стул
	회의 (хвэы, хвеи)	собрание
ㅘ [ва]	왕 (ван)	король
	와이샤쓰 (ваисасы)	рубашка
	화요일 (хваёиль)	вторник
ㅝ [во]	원 (вон)	круг; вона (корейская денежная единица)
	유치원 (ючхивон)	детский сад
	일월 (ильуоль, ирволь)	январь
ㅙ [вэ]	왜가리 (вэгари)	цапля
	돼지 (твэчжи, двэджи)	свинья
	인쇄 (инсвэ)	печатать
ㅞ [вэ]	웬 (вэн)	какой

Урок 3 (제3과)
Произношение согласных (자음의 발음)

ㄱ [к] произносится немного твёрже, чем (г)

1) ㄱ [к] обозначается в начале слова буквой (к)
   Примечание(주의):
   그 он
   [кы]
   그 ← ㄱ + ㅡ
   (к) (к ы)

2) ㄱ [к] обозначается в конце слова буквой (к)
   Примечание(주의):
   조 + 국 Родина, отечество
   (чо кук)
   조 ← ㅈ + ㅗ
   (чо) (ч о)
   국 ← ㄱ + ㅜ + ㄱ
   (гук) (г у к)

3) ㄱ [к] обозначается перед согласными буквой (к)
   Примечание(주의):
   극 + 장 театр
   (кык чжан)
   극 ← ㄱ + ㅡ + ㄱ
   (кык) (к ы к)
   장 ← ㅈ + ㅏ + ㅇ
   (чжан) (чж а н)

Фонетика и грамматика

4) ㄱ [к] обозначается перед гласными буквой (г)
   Примечание(주의):

   고   +   기 мясо
   [ко   ги]
   고   ← ㄱ + ㅗ
   (ко)   (к   о)
   기   ← ㄱ + ㅣ
   (ги)   (г   и)

   ㄲ [к] произносится как сильно произносимый (к) в русском языке
   ㄲ [к] обозначается буквой (к)
   Примечание(주의):

   도   +   끼 топор
   [до   ки]
   ㄷ   ← ㄷ + ㅗ
   (до)   (д   о)
   끼   ← ㄲ + ㅣ
   (ки)   (к   и)

   ㅋ [кх] всегда сильно произносимый (к). Он произносится как (к), сопровождающийся артикуляцией согласного (х) в русском языке, так что его произношение отличается сильным придыханием.

1) ㅋ [кх] обозначается в начале слова буквами (кх)
   Примечание(주의):

코 нос
(кхо)
코 ← ㅋ + ㅗ
(кхо) (кх   о)

2) ㅋ [кх] обозначается перед гласными буквами (кх)
Примечание(주의):
잉 + 크 чернила
(ин   кхы)
잉 ← ㅇ + ㅣ + ㅇ
(ин) (и   н)
크 ← ㅋ + ㅡ
(кхы) (кх   ы)

3) ㅋ [кх] обозначается в конце слова буквой (к)
Примечание(주의):
부 + 엌 кухня
(бу   ок)
부 ← ㅂ + ㅜ
(бу) (б   у)
엌 ← ㅇ + ㅓ + ㅋ
(ок) (о   к)

4) ㅋ [кх] обозначается перед согласными буквой (к)
Примечание(주의):
부 + 엌 + 칼
(бу   ок   кхал)
부 ← ㅂ + ㅜ
(бу) (б   у)

Фонетика и грамматика

```
억      ← ㅇ + ㅓ + ㅋ
(ок)    (    о        к)
칼      ← ㅋ + ㅏ + ㄹ
(кхал)  (кх    а       л)
```

ㅂ [б] произносится немного тверже чем (б) в русском языке.

1) ㅂ [б] обозначается в начале слова буквой (б)
   비 [би] ㉠ дождь ㉡ метла
   Примечание(주의):
   비 дождь, метла
   (би)
   비   ← ㅂ + ㅣ
   (би) (б   и)

2) ㅂ [б] обозначается в конце слова буквой (б)
   Примечание(주의):
   밥 рис, сваренный на пару
   (бап)
   밥   ← ㅂ + ㅏ + ㅂ
   (бап) (б   а   п)

3) ㅂ [б] обозначается перед согласными буквой (б)
   Примечание(주의):
   곱 + 다 красивый
   (коб   та)

곱 ←ㄱ+ㅗ+ㅂ
(коб) (к   о   б)
다 ←ㄷ+ㅏ
(та) (т   а)

4) ㅂ [б] обозначается перед гласными буквой (б)
Примечание(주의):
집 + 으 + 로 домой
(чиб   ы   ро)
집 ←ㅈ+ㅣ+ㅂ
(чиб) (ч   и   б)
으 ←ㅇ+ㅡ
(ы) (ы)
로 ←ㄹ+ㅗ
(ро) (р   о)

ㅃ [п] произносится как сильно произносимый (п) в русском языке.
ㅃ [п] обозначается буквой (п)
빵 хлеб
[пан]
빵 ←ㅃ+ㅏ+ㅇ
(пан) (п   а   нг)

ㅍ [пх] всегда сильно произносимый ㅂ [п]. Он произносится как ㅂ [п], сопровождаемый артикуляцией согласно (х) в русском языке, так что его произношение отличается сильным

Фонетика и грамматика

придыханием.

1) ㅍ [пх] обозначается в начале слова буквами (пх)
   Примечание(주의):
   펜 перо
   (пхэн)
   펜 ← ㅍ + ㅔ + ㄴ
   (пхен) (пх   е   н)

2) ㅍ [пх] обозначается в начале слова буквами (пх)
   Примечание(주의):
   우 + 표 [почтовая] марка
   [у   пхё]
   우 ← ㅇ + ㅜ
   (у) (у)
   표 ← ㅍ + ㅗ
   (пхё) (пх   ё)

3) ㅍ [п] обозначается в конце слова буквой (п)
   Примечание(주의):
   잎 лист (дерева)
   [ип]
   잎 ← ㅇ + ㅣ + ㅍ
   (ип) (и   п)

4) ㅍ [п] обозначается перед согласными буквами (п)
   Примечание(주의):

높 + 다 высокий
[ноп   та]
높   ←ㄴ + ㅗ + ㅍ
(ноп) (н   о   п)
다   ←ㄷ + ㅏ
(та) (т   а)

ㄷ [д] произносится немного твёрже, чем (д) в русском языке.

1) ㄷ [д] обозначается в начале слова буквой (д)
   Примечание(주의):
   다 + 리 нога; мост
   (да   ри)
   다   ←ㄷ + ㅏ
   (да) (д   а)
   리   ←ㄹ + ㅣ
   (ри) (р   и)

2) ㄷ [д] обозначается в конце слова буквой (д)
   Примечание(주의):
   디 + 글
   (ди   ыд)
   디   ←ㄷ + ㅣ
   (ди) (д   и)
   글   ←ㄱ + ㅡ + ㄷ
   (ыд) (ы   д)

Фонетика и грамматика

3) ㄷ [т] обозначается перед согласными буквой (т)

묻 + 다 спрашивать
(муд   та)
묻   ←ㅁ + ㅜ + ㄷ
(муд) (м   у   д)
다   ←ㄷ + ㅏ
(та) (т   а)

4) ㄷ [д] обозначается перед гласными буквой (д)
Примечание(주의):

도 + 마 + 토 помидор
(тхо   ма   то)
도   ←ㄷ + ㅗ
(тхо) (тх   о)
마   ←ㅁ + ㅏ
(ма) (м   а)
토   ←ㅌ + ㅗ
(то) (т   о)

ㄸ [т] произносится как сильно произносимый (т) в русском языке.
Примечание(주의):
땅 Земля
(тан)
땅   ←ㄸ + ㅏ + ㅇ
(тан) (т   а   н)

ㅌ [тх] всегда сильно произносимый (т). Он произносится как (т), сопровождаемый артикуляцией согласно (х) в русском языке, так что его происхождение отличается сильным придыханием.

1) ㅌ [тх] обозначается в начале слов буквой (тх)
   Примечание(주의):
   트 + 렁 + 크 чемодан
   (тхы рон   кхы)
   트   ← ㅌ + ㅡ
   (тхы) (тх   ы)
   렁   ← ㄹ + ㅓ + ㅇ
   (рон) (р   о   н)
   크   ← ㅋ + ㅡ
   (кхы) (кх   ы)

2) ㅌ [тх] обозначается перед гласными буквами (тх)
   Примечание(주의):
   봉 + 투 конверт
   (бон тху)
   봉   ← ㅂ + ㅗ + ㅇ
   (бон) (б   о   н)
   투   ← ㅌ + ㅜ
   (тху) (тх   у)

3) ㅌ [т] обозначается в конце слова буквой (т)
   Примечание(주의):
   밭 поле
   (бат)

Фонетика и грамматика

밭 ← ㅂ + ㅏ + ㅌ
(бат) (б   а   т)

4) ㅌ [т] обозначается перед согласными буквой (т)
Примечание(주의):

같 + 다 одинаковый
(кат   та)
갇 ← ㄱ + ㅏ + ㅌ
(кат) (к   а   )
다 ← ㄷ + ㅏ
(та) (т   а)

▶ Упражнение(연습):

ㄱ(к, г)	그 (кы)	он
	조국 (чогук)	Родина, отечество
	극장 (кыкджан)	театр
	고기 (коги)	мясо
ㄲ(к)	꽃 (кот)	цветок
	꿀 (кул)	мёд
	꿈 (кум)	сон
	도끼 (токи)	топор
ㅋ(кх, к)	코 (кхо)	нос
	잉크 (инкхы)	чернила
	부엌 (пуок)	кухня
	부엌칼 (пуокккхал)	кухонный нож

ㅂ(п, б)	비 (би)	дождь
	밥 (бап)	рис, сваренный на пару
	곱다 (копта)	красивый
	집으로 (чибыро)	домой
ㅃ(п)	빵 (пан)	хлеб
	뺨 (пям)	щека
	뽈 (пол)	мяч
ㅍ(пх, п)	펜 (пхэн)	перо
	우표 (упхё)	(почтовая) марка
	잎 (ип)	лист (дерева)
	높다 (нопта)	высокий
	펌프 (помпхы)	насос
ㄷ(т, д)	다리 (дари)	ноги; мост
	디읃 (диыт)	(наименование согласного(д. т))
	묻다 (мудта)	спрашивать
	도마토 (томадо)	помидор
ㄸ(т)	땅 (тан)	Земля
	딸 (тал)	дочь
	딸기 (тальги)	земляника
ㅌ(тх, т)	트렁크 (тхуронкхы)	чемодан
	봉투 (понтху)	конверт
	밭 (пат)	поле
	같다 (катта)	одинаковый
	탱크 (танкхы)	танк

Фонетика и грамматика

:: Урок 4 (제4과)
   Произношение согласных (자음의 발음)

ㅈ [ч] произносится как (ч) в русском языке

1) ㅈ [ч] обозначается в начале слова буквой (ч)
   Примечание(주의):
   조   +   선 стройка судна
   (чо   сон)
   조   ←조 + ㅗ
   (чо) (ч   о)
   선   ←ㅅ + ㅓ + ㄴ
   (сон) (с   о   н)

2) ㅈ [чж] обозначается перед гласными буквами (ч, чж)
   Примечание(주의):
   아   +   버   +   지 отец
   (а   бо   чи)
   아   ←ㅇ + ㅏ
   (а)   (а)
   버   ←ㅂ + ㅓ
   (бо) (б   о)
   지   ←ㅈ + ㅣ
   (чжи) (чж   и)

3) ㅈ [т] обозначается перед гласными буквами (т)
   Примечание(주의):
   낮 день
   [нат]

낮 ←ㄴ + ㅏ + ㅈ
(нат) (н   а   т)

4) ㅈ [т] обозначается перед согласными буквой (т)
   Примечание(주의):
   늦 + 다 поздний
   (ныт та)
   늦 ←ㄴ + ㅡ + ㅈ
   (ныт) (н   ы   т)
   다 ←ㄷ + ㅏ
   (та) (т   а)

ㅉ [ц] произносится как сильно произносимый (ч) в русском языке.
   Примечание(주의):
   동 + 쪽 восток
   (дон цок)
   동 ←ㄷ + ㅗ + ㅇ
   (дон) (д   о   н)
   쪽 ←ㅉ + ㅗ + ㄱ
   (цок) (ц   о   к)

ㅊ [чх] всегда сильно произносимый(ч). Он произносится как (ч) сопровождающийся артикуляцией согласного (х) в русском языке, так что его произношение отличается сильным придыханием.

1) ㅊ [чх] обозначается в начале слова буквами (чх)
   Примечание(주의):

Фонетика и грамматика

춤 танец
[чхум]
춤 ← ㅊ + ㅜ + ㅁ
(чхум) (чх   у   м)

2) ㅊ [чх] обозначается перед гласными буквами (чх)
   Примечание(주의):
   가 + 동 + 차 автомобиль
   (ча   дон   чха)
   자 ← ㅈ + ㅏ
   (ча) (ч   а)
   동 ← ㄷ + ㅗ + ㅇ
   (дон) (д   о   н)
   차 ← ㅊ + ㅏ
   (чха) (чх   а)

3) ㅊ [т] обозначается в конце слова буквой (т)
   Примечание(주의):
   꽃 цветок
   (кот)
   꽃 ← ㄲ + ㅗ + ㅊ
   (кот) (к   о   т)

4) ㅊ [т] обозначается перед гласными буквой (т)
   Примечание(주의):
   꽃 + 집 цветочный магазин
   (кот   чиб)
   꽃 ← ㄲ + ㅗ + ㅊ
   (кот) (к   о   т)

집   ← ㅈ + ㅣ + ㅂ
(чиб) (ч   и   б)

ㅅ [с] произносится как (с) в русском языке

1) ㅅ [с] обозначается в начале слова буквой (с)
   Примечание(주의):
   수   +   도 столица, водопровод
   (су   до)
   수   ← ㅅ + ㅜ
   (су) (с   у)
   도   ← ㄷ + ㅗ
   (до) (д   о)

2) ㅅ [с] обозначается перед гласными буквой (с)
   Прнмечание(주의):
   도   +   시 город
   (до   си)
   도   ← ㄷ + ㅗ
   (до) (д   о)
   시   ← ㅅ + ㅣ
   (си) (с   и)

3) ㅅ [т] обозначается в конце слова буквой (т)
   Примечание(주의):
   옷 одежда
   (от)
   옷   ← ㅇ + ㅗ + ㅅ
   (от) (о   т)

Фонетика и грамматика

4) ㅅ [т] обозначается перед согласными буквой (т)
   Прнмечание(주의):
   웃 + 다 смеяться
   (ут   та)
   웃 ← ㅇ + ㅜ + ㅅ
   (ут) (у   т)
   다 ← ㄷ + ㅏ
   (та) (т   а)

ㅆ [с] произносится как сильно произносимый (с) в русском языке.
   Примечание(주의):
   쌀 рис
   (сал)
   쌀 ← ㅆ + ㅏ + ㄹ
   (сал) (с   а   л)

2) ㅆ [с] обозначается перед гласными буквой (с)
   Примечание(주의):
   날 + 씨 погода
   (наль   си)
   날 ← ㄴ + ㅏ + ㄹ
   (наль) (н   а   ль)
   씨 ← ㅆ + ㅣ
   (си) (с   и)

3) ㅆ [т] обозначается в конце слова буквой (т)
   Прнмечание(주의):

겠 окончание будущего времени
(кэт)
겠 ← ㄱ + ㅔ + ㅆ
(кэт) (к   э   т)

4) ㅆ [т] обозпачается перед согласными буквой (т)
   Примечание(주의):
   있 + 다 имеется
   (ит   та)
   있 ← ㅇ + ㅣ + ㅆ
   (ит) (и   т)
   다 ← ㄷ + ㅏ
   (та) (т   а)

ㄴ [н] произносится как (н) в русском языке
ㄴ [н] обозначается буквой (н)
   Примечание(주의):
   나 я
   (на)
   나 ← ㄴ + ㅏ
   (на) (н   а)

   Примечание(주의):
   나 + 무 дерево
   (на   му)
   나 ← ㄴ + ㅏ
   (на) (н   а)

Фонетика и грамматика

무 ← ㅁ + ㅜ
(му) (м   у)

ㅁ [м] произносится как (м) в русском языке
ㅁ [м] обозначается буквой (м)
  Примечание(주의):
  어 + 머 + 니 мать
  (о   мо   ни)
  어 ← ㅇ + ㅓ
  (о) (о)
  머 ← ㅁ + ㅓ
  (мо) (м   о)
  니 ← ㄴ + ㅣ
  (ни) (н   и)

  Примечание(주의):
  사 + 람 человек
  (са   рам)
  사 ← ㅅ + ㅏ
  (са) (с   а)
  람 ← ㄹ + ㅏ + ㅁ
  (рам) (р   а   м)

ㄹ [р; л] произносится как (р) и (л) в русском языке

1) ㄹ [р] обозначается в начале слова буквой (р)
  Примечание(주의):
  라 + 디 + 오 радио
  (ра   ди   о)

라 ← ㄹ + ㅏ
(ра) (р   а)
디 ← ㄷ + ㅣ
(ди) (д   и)
오 ← ㅇ + ㅗ
(о) (о)

2) ㄹ [р] обозначается перед гласными буквами (р)
   Примечание(주의):
   우 +   리 мы
   (у   ри)
   우 ← ㅇ + ㅜ
   (у) (у)
   리 ← ㄹ + ㅣ
   (ри) (р   и)

3) ㄹ [л] обозначается в конце слова буквой (л)
   Примечание(주의):
   물 вода
   (мул)
   물 ← ㅁ + ㅜ + ㄹ
   (мул) (м   у   л)

4) ㄹ [ль] обозначается перед согласными буквами (ль)
   Примечание(주의):
   팔 +   다 продавать
   (пхаль   да)

Фонетика и грамматика

팔 ← ㅍ + ㅏ + ㄹ
(пхаль) (пх   а   л)
다 ← ㄷ + ㅏ
(да)   (д   а)

5) ㄹ, ㄴ перед согласным ㄹ (л) согласный ㄴ (н) произносится как двойной (л) в русском языке.
Примечание(주의):
천 + 리 тысяча ли
(чхол   ли)
천 ← ㅊ + ㅓ + ㄴ
(чхол) (чх   о   л)
리 ← ㄹ + ㅣ
(ли)   (л   и)

ㅎ [х] произносится как (х) в русском языке
ㅎ [х] обозначается буквой (х)
Примечание(주의):
하 + 나 один
(ха   на)
하 ← ㅎ + ㅏ
(ха)   (х   а)
나 ← ㄴ + ㅏ
(на)   (н   а)

ㅇ [н] произносится как (нь) в русском языке, но в начале одного слога (н) не произносится

제1부 발음 53

1) ㅇ [н] обозначается буквой (н)
   Примечание(주의):
   강 река
   (кан)
   강　　← ㄱ + ㅏ + ㅇ
   (кан) (к　　 а　　 н)

   Примечание(주의):
   아　+　이 ребенок
   (а　　　и)
   아　← ㅇ + ㅏ
   (а)　(　　а)
   이　← ㅇ + ㅣ
   (и)　(　　и)

2) Между двумя ㅇ [н] вставляется (ь) в русском языке
   Примечание(주의):
   영　+　웅 герой
   (ёнь　 ун)
   영　← ㅇ + ㅕ + ㅇ
   (ёнь) (　　ё　 н)
   웅　← ㅇ + ㅜ + ㅇ
   (ун)　(　　у　 н)

▶ Упражнение(연습):
   ㅈ(ч, чж, т)　조선 (чосон)　　　　стройка судна
   　　　　　　　아버지 (абочжи)　　отец

Фонетика и грамматика

	낮 (нат)	день
	늦다 (нутта)	поздний
ㅉ(тц)	동쪽 (тонтцок)	восток
	서쪽 (сотцок)	запад
	남쪽 (намтцок)	юг
	북쪽 (пуктцок)	север
ㅊ(чх, т)	춤 (чхум)	танец
	자동차 (чадончха)	автомобиль
	꽃 (кот)	цветок
	꽃집 (котчиб)	цветочный магазин
ㅅ(с)	수도 (судо)	столица
	도시 (тоси)	город
	옷 (от)	одежда
	웃다 (утта)	смеяться
ㅆ(с, т)	쌀 (сал)	рис
	날씨 (надьси)	погода
	겠 (кэт)	(окончание будущего времени)
	있다 (итта)	иметься
ㄴ(н)	나 (на)	я
	나무 (наму)	дерево
	하나 (хана)	один
	한사람 (хансарам)	один человек

ㅁ(м)	머리 (мори)	голова
	어머니 (омони)	мать
	나무 (наму)	дерево
	사람 (сарам)	человек
ㄹ(р, (л), ль)	라디오 (радио)	радио
	우리 (ури)	мы
	물 (мул)	вода
	팔다 (пхальда)	продавать
	천리 (чхолли)	тысяча ли(ли-мера длины, равная 0.393 км.)
ㅎ(х)	하나 (хана)	один
	할머니 (хальмони)	бабушка
	전화 (чонхва)	телефон
	사랑하다 (саранхада)	любить
ㅇ(н, нь)	강 (кан)	река
	사랑 (саран)	любить
	아이 (аи)	ребёнок
	영웅 (ёньун)	герой

제2부 주로 사용하는 단어
Часто употребляемая лексика

- Ⅰ. **가족관계**(Семейные отношения)
- Ⅱ. **숫자, 양사, 순서**
  (Числа количественные и порядковые)
- Ⅲ. **시간**(Время)
- Ⅳ. **나이**(Возраст)
- Ⅴ. **색깔**(Цвета)
- Ⅵ. **감각에 관한 형용사들**(Прилагательные, связанные с чувствами)
- Ⅶ. **방향**(Направление)
- Ⅷ. **재는(측량) 단위**(Единицы измерения)
- Ⅸ. **신체**(Части тела)
- Ⅹ. **병명과 약**(Заболевания и лекарства)
- ⅩⅠ. **교통수단과 장소**
  (Транспортные средства и место)
- ⅩⅡ. **살림**(Домашнее хозяйство)
- ⅩⅢ. **생활용품**(Бытовые принадлежности)
- ⅩⅣ. **욕실용품**(Принадлежности для ванной)
- ⅩⅤ. **화장품**(Косметика)
- ⅩⅥ. **아이용품**(Детские принадлежности)

I. 가족관계 (Семейные отношения)

русский язык произношение по русски	корейский язык произношение по корейски
дедушка по линии отца 데두쉬카　　(뽀 옷추)	친할아버지 чинхарабоджи
бабушка по линии отца 바부쉬카　　(뽀 옷추)	친할머니 чинхальмони
дедушка по линии матери 데두쉬카　　(뽀 마쩨리)	외할아버지 вехарабоджи
бабушка по линии матери 바부쉬카　　(뽀 마쩨리)	외할머니 вехальмони
папа, отец 빠빠,　오째츠	아빠. 아버지 апа, абоджи
мама, мать 마마,　마찌	엄마. 어머니 омма, омони
дедушка и бабушка 데두쉬카　　이 바부쉬카	조부모님 джобумоним
родители 로디쨀리	부모님 бумоним
старший брат (для мальчика) 쓰따르쉬　　브랏	형 хён
старший брат (для девочки) 쓰따르쉬　　브랏	오빠 опа
старшая сестра (для мальчика) 쓰따르샤야　세스뜨라	누나 нуна

Часто употребляемая лексика

русский язык произношение по русски	корейский язык произношение по корейски
старшая сестра(для девочки) рртаршая сестра	언니 онни
младший брат либо сестра младший брат либо сестра	동생 донсен
младший брат младший брат	남동생 намдонсен
младшая сестра младшая сестра	여동생 йодонсен
сын сын	아들 адыль
дочь дочи	딸 таль
муж, супруг мужи, супрук	남편 нампхён
жена, супруга жена, супруга	아내(부인) анэ(буин)
тёща тёща	장모님 джанмоним
тесть тесть	장인 джанин
свекровь свекрови	시어머니 щиомони
свёкр свёкор	시아버지 щиабоджи
родственник родственник	친척 чинчок

제2부 주로 사용하는 단어

русский язык произношение по русски	корейский язык произношение по корейски
сосед 서셋	이웃 иут
свояченица, золовка 스보야체니차, 졸모느까	올케 올ькхе
деверь 데베리	아주버니 аджубони
ятровка 야뜨로브까	제수씨 джесущи
зять 쟈찌	제부씨 джебущи

▸ Это наш дедушка.
에또 나쉬 제두쉬까.
이분은 우리 할아버지이세요.
Ибунын ури харабоджиисэё.

русский язык произношение по русски	корейский язык произношение по корейски
старший брат отца 스따르쉬 브랏 옷차	큰아버지 кхынабоджи
жена старшего брата отца 제나 스타르쉐고 브라따 옷차	큰어머니 кхыномони
младший брат отца 믈라드쉬 브랏 옷차	작은아버지 джагынабоджи
жена младшего брата отца 제나 믈라드쉐고 브라따 옷차	작은어머니 джагыномони

Часто употребляемая лексика

русский язык произношение по русски	корейский язык произношение по корейски
дядя дядя	삼촌 самчон
жена дяди жена дяди	숙모 сунмо
дядя по линии матери дядя по линии матери	외삼촌 весамчон
жена дяди по линии матери жена дяди по линии матери	외숙모 весунмо
муж сестры муж сёстры	형부 хёнбу
жена старшего брата жена старшего брата	형수 хёнсу
тётя по линии матери тётя по линии матери	이모 имо
муж тёти по линии матери муж тёти по линии матери	이모부 имобу
тётя по линии отца тётя по линии отца	고모 гомо
муж тёти по линии отца муж тёти по линии отца	고모부 гомобу
шурин шурин	매제 медже
жена шурина жена шурина	제수 джесу
братья братья	형제 хёндже

русский язык произношение по русски	корейский язык произношение по корейски
сестры 쏘스뜨르	자매 джаме
брат и сестра 브랏 이 세스뜨라	남매 намме
невестка 네베스뜨까	며느리 мёныри
зять 쟈찌	사위 сави
племянник(племянница) 쁠레만니꼬 (쁠레만니차)	조카 джокха
внучка 브누츠카	손녀 соннё
внук 브누끄	손자 сонджа
двоюродный старший брат 드보유로드느이 스따르쉬 브랏	사촌오빠 сачонопа
двоюродный старший брат 드보유로드느이 스따르쉬 브랏	사촌형 сачонхён
двоюродная старшая сестра 드보유로드나야 스따르샤야 세스뜨라	사촌누나 сачоннуна
муж старшей сестры 무즈 스따르쉐이 세스뜨르	매형 мехён
сноха 스노하	동서 донсо

Часто употребляемая лексика

II. 숫자, 양사, 순서
(Числа количественные и порядковые)

1. Порядковые числа(при счёте дней, недель, месяцев, лет, минут, секунд, денег и т.д.)

русский язык произношение по русски	корейский язык произношение по корейски
ноль ноль	0 영·공 ён, гон
первый пэрвый	1 일 иль
второй втарой	2 이 и
третий трэщий	3 삼 сам
четвертый чэтвёртый	4 사 са
пятый пяты	5 오 о
шестой шыстой	6 육 юг
седьмой сэдимой	7 칠 чиль
восьмой восьмой	8 팔 пхаль
девятый дэвяты	9 구 гу

русский язык произношение по русски	корейский язык произношение по корейски
десятый 데쎠 뜨이	10 십 щиб
одиннадцатый 오딘나드차뜨이	11 십일 щибиль
двенадцатый 드베나드차뜨이	12 십이 щиби
тринадцатый 뜨리나드차뜨이	13 십삼 щибсам
четырнадцатый 체뜨르나드차뜨이	14 십사 щибса
пятнадцатый 빠뜨나드차뜨이	15 십오 щибо
шестнадцатый 쉐쓰드나드차뜨이	16 십육 щибюг
семнадцатый 셈나드차뜨이	17 십칠 щибчиль
восемнадцатый 워쎔나드차뜨이	18 십팔 щибпхаль
девятнадцатый 데뱌드나드차뜨이	19 십구 щибгу
двадцатый 드바드차뜨이	20 이십 ищиб
сотый, сто 쏘뜨이, 쓰또	100 백 бег
сто первый 쓰또 뻬르브이	101 백일 бегиль

Часто употребляемая лексика

русский язык произношение по русски	корейский язык произношение по корейски
двухсотый 드부흐쏘뜨이	200 이백 ибег
тысячный, тысяча 뜨샤 츠느이, 뜨샤 챠	1000 천 чон
десятитысячный, десять тысяч 데샤 찌뜨샤츠느이, 데샤 찌 뜨샤 치	10000 만 ман
миллионный, миллион 밀리온느이, 밀리온	백만 бегман
десять миллионов 데샤 찌 밀리오노프	천만 чонман

2. Количественные числа
(при счете времени, количества предметов, возраста)

русский язык произношение по русски	корейский язык произношение по корейски
один 오딘	하나 хана
два 드바	둘 дуль
три 뜨리	셋 сэт
четыре 체뜨레	넷 нэт
пять 빠찌	다섯 дасот

русский язык произношение по русски	корейский язык произношение по корейски
шесть 쉐쓰찌	여섯 ёсот
семь 쎄미	일곱 ильгоп
восемь 워쎄미	여덟 ёдольп
девять 데뱌찌	아홉 ахоп
десять 데쌰 찌	열 ёль
одиннадцать 오딘나드차찌	열하나 ёльхана
двенадцать 드베나드차찌	열둘 ёльдуль
двадцать 드바드차찌	스물 сумуль
тридцать 뜨리드차찌	서른 сорын
сорок 쏘록	마흔 махын
пятьдесят 빠찌데쌋	쉰 щин
шестьдесят 쉐쓰찌데쌋	예순 йесун
семьдесят 세미데쌋	일흔 ирхын

Часто употребляемая лексика

русский язык произношение по русски	корейский язык произношение по корейски
восемьдесят 워쎔데쌋	여든 ёдын
девяносто 데바노쓰또	아흔 ахын

3. Порядок

русский язык произношение по русски	корейский язык произношение по корейски
первый пе́рвый	첫째 чотте
второй вто́рой	둘째 дульте
третий тре́тий	셋째 сэтте
четвертый четвёртый	넷째 нэтте

4. Единицы счёта предметов

русский язык произношение по русски	корейский язык произношение по корейски
один дом один дом	집 한 채 джип хан че

русский язык произношение по русски	корейский язык произношение по корейски
одна машина 오드나 마쉬나	차 한 대 ча хан дэ
две комнаты 드베 꼼나뜨	방 두 칸 бан ду кхан
две книги 드베 끄니기	책 두 권 чек ду гвон
три тетради 뜨리 쩨뜨라디	공책 세 권 гончек сэ гвон
один лист бумаги(денежной 오딘 리스뜨 부마기(데네즈노이 купюры, билет) 꾸쀼르, 빌렛)	종이(돈, 표) 한장 джони(дон, пхё) хан джан
одна пара обуви, носок 오드나 빠라 오부위, 노속	구두 한 켤레, 양말 한 켤레 гуду хан кхёлле, янмаль хан кхёлле
четыре яблока 체뜨레 야블로까	사과 네 개 сагва нэ ге
три ящика рамёна 뜨리 야쉬까 라며나	라면 세 박스 рамён сэ баксы
шесть человек 쉐쓰찌 첼로벡	여섯 명 ёсот мён
семь человек 쎄미 첼로벡	일곱 분 ильгоп бун
собака(курица, утка)семь тушек 소바까 (꾸리차, 우뜨까) 쎄미 뚜쉑	개(닭, 오리) 일곱 마리 ге(дальг, ори) ильгоп мари
восемь лет 워쎔 렛	여덟 살 ёдольп саль

Часто употребляемая лексика

русский язык произношение по русски	корейский язык произношение по корейски
восемь лет 위쎔 렛	8세, 여덟살 пхаль сэ
спиртное(макколи) девять бутылок 쓰삐르뜨노예(막골리) 데바찌 부뜰록	술(막걸리) 아홉 병 суль(макколи) ахоп бён
два стакана воды 드바 스따까나 водь	물 두 컵 муль ду къоп
кофе(чай) 3 чашки 꺼페 (차이) 뜨리 차쉬끼	커피(차) 세 잔 копхи(ча) сэ джан
один квадрат дубу 오딘 꼬와드랏 두부	두부 한 모 дубу хан мо
одна ячейка яиц 오드나 야체이까 야이츠	계란 한 판 геран хан пхан
одна коробка конфет 오드나 꼬롭까 꼰펫	사탕 한 상자 сатхан хан санджа
два карандаша 드바 까란다샤	볼펜 두 자루 больпхен ду джару
один велок капусты 오딘 벨로끄 까뿌쓰뜨	배추 한 포기 бечу хан пхоги
два пучка лютика 드바 뿌츠까 류찌까	미나리 두 단 минари ду дан
одна кисть винограда 오드나 끼쓰찌 위노그라다	포도 한 송이 пходо хан сони
одна корзинка слив 오드나 꼬르진까 쓸리브	자두 한 바구니 джаду хан багуни
одна веточка цветка 오드나 웨또츠까 츠웨뜨까	꽃 한 송이 кот хан сони

русский язык произношение по русски	корейский язык произношение по корейски
три комплекта одежды 뜨리 꼼쁠렉따 오데즈드	옷 세벌 от сэ боль
один телефонный звонок 오딘 쩰레폰느이 즈워노끄	전화 한 통 джонхва хан тхон
один арбуз 오딘 아르부즈	수박 한 통 субак хан тхон
две коробки кимчи 드웨 꼬로브끼 김치	김치 두 통 кимчи ду тхон
одна связка бананов 오드나 쓰뱌즈까 바나노프	바나나 한 다발 банана хан дабаль
одно дерево 오드노 데레워	나무 한 그루 наму хан гыру
один пакет манго 오딘 빠껫 망고	망고 한 봉지 манго хан бонджи
одна чашка каши(сваренного риса) 오드나 차쒸까 까쉬 (쓰와렌노고 리사)	밥 한 그릇(공기) бап хан гырыт(гонги)
одна чашка супа 오드나 차쒸까 수빠	국 한 그릇 гук хан гырыт
одна тарелка салата 오드나 따렐까 살라따	반찬 한 접시 банчан хан джопщи
одна трапеза 오드나 뜨라뻬자	식사 한 끼 щикса хан ки
один гын свинины 오딘 근 쓰위니느	돼지고기 한 근 дведжи гоги хан гын
одна связка рыбы горбыль 오드나 쓰뱌즈까 르브 고르블	조기 한손 джоги хан сон

Часто употребляемая лексика

русский язык произношение по русски	корейский язык произношение по корейски
одна тушка рыбы 오드나 뚜쉬까 르브	생선 한 마리 сенсон хан мари

III. 시간(Время)

1. Обозначение единицы времени(시간)

русский язык произношениепо русски	корейский язык произношение по корейски
время брема	시간 щиган
секунда 쎄꾼다	초 чо
минута 미누따	분 бун
час 차쓰	시 щи

▸ Время есть?
  브레먀   예쓰찌?
  시간 있어요?
  Щиган исоё?

▸ Во сколько часов, минут, секунд отправляетесь?
  워 쓰꼴꼬   차쓰브,   미누뜨,   쎄꾼드 브   오뜨쁘라블랴예쎄씨?
  몇시. 몇분 몇초에 출발하세요?
  Мёт щи, мёт бун, мёт чоэ чульбальхасэё?

2. Четыре времени года(계절)

русский язык произношение по русски	корейский язык произношение по корейски
сезон бремя года, ссэзон	계절 геджоль
весна бессна	봄 бом
лето леттo	여름 ёрым
осень оссэн	가을 гаыль
зима зима	겨울 гёуль
четыре сезона четтрэ ссэзона	춘하추동 чунхачудон

▸ Какое время года любите?
  까꼬예 브ремя года 브 любите?
  무슨 계절을 좋아하세요?
  Мусын геджоль джоахасэё?

▸ Люблю все четыре сезона.
  люблю ссэ четтрэ ссэзона.
  사계절을 다 좋아해요.
  Са геджоль да джоахеё.

Часто употребляемая лексика

3. Дни(날)

русский язык произношение по русски	корейский язык произношение по корейски
день дени	일 иль
месяц месяц	월. 달 воль, даль
год год	년 нён
неделя неделя	주 джу

▸ Мой день рождения 28 июля 1980года.
모이 덴 로즈데니야 드바드짜찌 워씨모에 이율랴 뜨샤차 데뱌쏫 워씨미데샤또고 고다.
제 생일은 1980년 7월 28일입니다.
Дже сенирын чон губек пхальщип нён чирволь ищиппхарильимнида.

▸ Сегодня какое число?
쎄고드냐 까꼬예 치쓸로?
오늘은 며칠 입니까(이에요)?
Онырын мёчильимника(иэё)?

4. Дни недели(в неделе)(요일)

русский язык произношение по русски	корейский язык произношение по корейски
воскресение воскресение	일요일 ирёиль

русский язык произношение по русски	корейский язык произношение по корейски
понедельник пънедельникко	월요일 ворёиль
вторник бттыникко	화요일 хваёиль
среда ссрэда	수요일 суёиль
четверг четтьбергы	목요일 могёиль
пятница ппяттьница	금요일 гымёиль
суббота ссуботта	토요일 тхоёиль

5. Неделя(주)

русский язык произношение по русски	корейский язык произношение по корейски
неделя недельра	주 джу
эта неделя этта недельра	이번 주 ибонджу
следующая неделя ссрэдуюсяя недельра	다음 주 даым джу
прошедшая неделя ппрошэдсяя недельра	지난 주 джинан джу

Часто употребляемая лексика

русский язык произношение по русски	корейский язык произношение по корейски
одна неделя 오드나 네델я	일주일 ильджуиль
две недели дбе недели	이주일 иджуиль
три недели 三리 недели	삼주일 самджуиль
первая неделя пербая недел́я	첫째 주 чоттеджу
вторая неделя вторая недел́я	둘째 주 дультеджу
третья неделя третьяя недел́я	셋째 주 сэттеджу
последняя неделя последнюю недел́я	마지막 주 маджимакджу
сегодня сегодня	오늘 оныль
вчера вчера	어제 оджэ
позавчера позавчера	그저께(그제) гыджоке(гыдже)
завтра завтра	내일(명일) нэиль(мёниль)
послезавтра послезавтра	모레 море
через три дня через три дня	글피 гыльпхи

русский язык произношение по русски	корейский язык произношение по корейски
рассвет 라쓰베뜨	새벽 сэбёк
утро 우뜨로	아침 ачим
обед 오베드	점심 джомщим
вечер 베체르	저녁 джонёк
ночь 노치	밤 бам
поздно ночью 뽀즈드노 노치유	한밤중(심야) ханбамджун(щимя)
день 덴	낮 нат
полдень 뽈덴	정오(12시) джонно(ёльдущи)

▶ На следующей неделе поеду в Москву.
　나　쓸레두유쉐이　네델레　뽀예두　브 모스크부.
다음 주에 모스크바에 갑니다.
Даым джуэ Москваэ гамнида.

▶ Днём жарко ночью холодно.
　드뇸　자르꼬　노치유　홀로드노.
낮엔 덥고 밤에 추워요.
Наджёныи допко баме чувоё.

Часто употребляемая лексика

6. Месяц(월)

русский язык произношение по русски	корейский язык произношение по корейски
январь 얀바리	일(1)월 ирволь
февраль 페브랄	이(2)월 иволь
март 마르뜨	삼(3)월 самволь
апрель 아쁘렐	사(4)월 саволь
май 마이	오(5)월 оволь
июнь 이윤	육(6)월 юкволь
июль 이율	칠(7)월 чильволь
август 아브구스뜨	팔(8)월 пхальволь
сентябрь 센쨔브리	구(9)월 гуволь
октябрь 옥쨔브리	시(10)월 щиволь
ноябрь 노야브리	십일(11)월 щибирволь
декабрь 데까브리	십이(12)월 щибиволь

русский язык произношение по русски	корейский язык произношение по корейски
один месяц 오딘 메샤츠	한 달(일개월) хан даль(иль геволь)
два месяца 드바 메사차	두 달(이개월) ду даль
три месяца 뜨리 메샤차	세 달(3개월) сэ даль
первый квартал 뻬르브이 끄와르딸	일사분기(1~3월) ильсабунги
второй квартал 브또로이 끄와르딸	이사분기(4~6월) исабунги
третий квартал 뜨레찌 끄와르딸	삼사분기(7~9월) самсабунги
четвертый квартал 체뜨뵤르뜨이 끄와르딸사	사분기(10~12월) сасабунги

▸ Когда поедете в Москву?
꼬그다 뽀예데쩨 브 모스크부?
언제 모스크바에 갑니까?
Ондже Москваэ гамника?

▸ В марте.
브 마르쩨.
삼월에 갑니다(가요).
Самворе гамнида.

Часто употребляемая лексика

7. День, месяц, год(해)

русский язык произношение по русски	корейский язык произношение по корейски
новый год 노브이 고드	신년/새 해 щиннён/сэхе
этот год 에뜻 고드	올해/금 년 ольхе/гымнён
следующий год 슬레두유쉬이 고드	내년/다음 해 нэнён/даымхе
прошлый год 쁘로쉴르이 고드	작년/지난해 джаннён/джинанхе
два года назад 드바 고다 나자드	이년 전 инёнджон
три года назад 뜨리 고다 나자드	삼년 전 самнёнджон
через два года 체레즈 드바 고다	이년 후 инёнху
через три года 체레즈 뜨리 고다	삼년 후 самнёнху
один день 오딘 덴	하루/한 날 хару/ханналь
два дня 드바 드냐	이틀/이튿날 итхыль/итхытналь
три дня 뜨리 드냐	삼일/사흘날 самиль/сахытналь
четыре дня 체뜨레 드냐	사일 саиль

русский язык произношение по русски	корейский язык произношение по корейски
пять дней 빠찌 드네이	오일 оиль
один месяц 우딘 메샤츠	한 달/일개월 хандаль/ильгеволь
два месяца 드바 메샤차	두 달/이개월 дудаль/игеволь
один год 오딘 곧	일 년/한 해 ильнён/ханхе
два года 드바 고다	이 년 инён
три года 뜨리 고다	삼 년 самнён
десять лет 데샤찌 렛	십년/열해 сипнён/ёльхе
пятнадцать лет 빠뜨나드차찌 렛	십오년 щипонён

▸ Два года как я приехал в Корею.
  드바 고다 깍 야 쁘리예할 브 꼬레유.
  한국에 온지 이년 되었어요.
  Хангуге онджи инён двэоссоё.

▸ Он ездил в Россию в прошлом месяце.
  온 예즈딜 브러시유 브 쁘로쉴롬 메샤체.
  그는 지난달에 러시아에 갔어요.
  Гынын джинан даре Рощиаэ гассоё.

Часто употребляемая лексика

Ⅳ. 나이 (Возраст)

русский язык произношение по русски	корейский язык произношение по корейски
год, лет, возраст 곧, лет, 보즈라스뜨	살, 나이, 연세 саль, наи, ёнсэ
один год 오딘 го드	한 살 хан саль
два года 드바 го다	두 살 ду саль
три года 뜨리 го다	세 살 сэ саль
четыре года 체뜨레 го다	네 살 нэ саль
десять лет 데샤찌 лет	열 살 ёль саль
пятнадцать лет 빠뜨나드차찌 лет	열다섯 살 ёльдасот саль
двадцать лет 드바드차찌 лет	스무 살 сыму саль
двадцать один год 드바드차찌 오딘 го드	스물 한 살 сымухан саль
двадцать два года 드바드차찌 드바 го다	스물 두 살 сымуду саль
тридцать лет 뜨리드차찌 лет	서른 살 сорын саль
тридцать один год 뜨리드차찌 오딘 го드	서른 한 살 сорынхан саль

русский язык произношение по русски	корейский язык произношение по корейски
тридцать два года 뜨리드차찌 드바 고다	서른 두 살 сорынду саль
сорок лет 소록 렛	마흔 살 махын саль
сорок один год 소록 오딘 고드	마흔 한 살 махын хан саль
сорок два года 소록 드바 고다	마흔 두 살 махынду саль
пятьдесят лет 빠찌데샤뜨 렛	쉰 살 щин саль
пятьдесят один год 빠찌데샤뜨 오딘 고드	쉰 한 살 щинхан саль
пятьдесят два года 빠찌데샤뜨 드바 고다	쉰 두 살 щинду саль
шестьдесят лет 쉐쓰찌데샤뜨 렛	예순 살 йесунсаль
семьдесят лет 쎄미데샤뜨 렛	일흔 살 ирхын саль
восемьдесят дет 워쎔데샤뜨 렛	여든 살 ёдынсаль
девяносто лет 데뱌노스또 렛	아흔 살 ахынсаль
сто лет 쓰또 렛	백 살 бексаль

Часто употребляемая лексика

- Сколько лет?
  쓰꼴꼬   렛?
  몇 살이에요?
  Мётсариэё?

- Двадцать четыре года.
  드바드차찌   체뜨레   고다.
  스물 네 살이에요.
  Сымуль нэсариэё.

- Выглядите моложе своих лет.
  브글라디쩨   몰로제   스보이흐 렛.
  나이보다 젊게 보이네요.
  Наи бода джольмке боисэё.

V. 색깔(Цвета)

русский язык произношение по русски	корейский язык произношение по корейски
красный цвет 끄라쓰느이 츠베뜨	빨간 색 пальган сэк
оранжевый цвет 오란제브이 츠베뜨	주황 색 джухвансэк
желтый цвет 죨뜨이 츠베뜨	노랑 색 норансэк
зеленый цвет 젤료느이 츠베뜨	초록 색 чороксэк
синий цвет 시니이 츠베뜨	파란 색 пхарансэк

русский язык произношение по русски	корейский язык произношение по корейски
темно синий цвет 죰노　시니이　츠베뜨	남 색 намсэк
фиолетовый цвет 피올레뚜브이　츠베뜨	보라 색 борасэк
коричневый цвет 꼬리치네브이　츠베뜨	갈 색 гальсэк
серый цвет 세르이　츠베뜨	회 색 хвесэк
черный цвет 쵸르느이　츠베뜨	검정 색 гомджонсэк
черный цвет 쵸르느이　츠베뜨	흑 색 хыксэк
насыщенный цвет 죰느이　　츠베뜨	진한 색 джинхансэк
бледный цвет 블레드느이　츠베뜨	연한 색 ёнхансэк
светло-зеленый цвет 젤료느이　　츠베뜨	연두 색 ёндусэк
светлый цвет 쓰베뜰르이　츠베뜨	밝은 색 бальгынсэк
красный цвет 끄라쓰느이　츠베뜨	붉은 색 бульгынсэк
темный цвет 죰느이　츠베뜨	어두운 색 одуунсэк
серебристый цвет 세레브리스뜨이　츠베뜨	은 색 ынсэк

Часто употребляемая лексика

▸ Это какой цвет?
에또 까꼬이 츠베뜨?
이것은 무슨 색이에요?
Игосын мусын сэгиеё?

▸ Как этот цвет называется по-корейски?
깍 에뜻 츠베뜨 아즈바에뜨샤 뽀 꼬레이쓰끼?
이 색깔은 한국어로 어떻게 말해요?
И сэккарын хангукоро отокхе мальхеё?

VI. 감각에 관한 형용사들
(Прилагательные, связанные с чувствами)

русский язык произношение по русски	корейский язык произношение по корейски
горький 고르끼	써요 соё
острый 오스뜨로이	매워요 мевоё
сладкий 라드끼	달아요 дараё
вкусный 브꾸스느이	고소해요 госохеё
кислый 끼슬리이	셔요 щёё
терпкий 쩨르쁘끼이	떫어요 толбоё

русский язык произношение по русски	корейский язык произношение по корейски
несолёный несолёную	싱거워요 щинговоё
солёный сёную	짜요 тяё
горячий горячии	뜨거워요 тыговоё
холодный холодную	시원해요 щивонхеё
холодно холодно	추워요 чувоё
тепло тепло	따뜻해요 татытхеё
склизкий склизкии	미끌미끌해요 микыльми кыль хеё
голоден голоден	배고파요 бегопхаё
сыт сыт	배불러요 бебульлёё
устал(а) усталь(лла)	피곤해요 пхигонхеё
пить хочу пичи хочу	목말라요 могмальлаё
тяжело чжельо	무거워요 муговоё
спать хочу спачи хочу	졸려요 джольлёё

Часто употребляемая лексика

русский язык произношение по русски	корейский язык произношение по корейски
легко 레그꼬	가벼워요 габёвоё
радостно 라도쓰뜨노	기뻐요 гиппоё
грусно 그루쓰뜨노	슬퍼요 сыльпхоё
счастлив 스차스뜰리브	행복해요 хенбокхеё
несчастлив 네스차스뜰리브	불행해요 бульхенхеё
удобно 우도브노	편해요 пхёнхеё
неудобно 네우도브노	불편해요 бульпхёнхеё
тошнит 또쉬니뜨	토하고 싶어요 тхохагощипхоё
болит 볼리뜨	아파요 апхаё
мягкий 먀그끼이	부드러워요 будыровоё
твердый 뜨뵤르드이	딱딱해요 тактакхеё
мягкий 먀그끼이	말랑말랑해요 мальланмаль лан хеё
щекотно 쉐꼬뜨노	간지러워요 ганджировоё

русский язык произношение по русски	корейский язык произношение по корейски
обеспокоенный 오베스뽀꼬엔느이	초조해요 чоджохеё
беспокоиться 베쓰뽀꼬이찌사	걱정해요 гокджонхеё
мягкий(погода) 먀그끼이(뽀고다)	포근해요 пхогынхеё
мягкий(постель) 먀그끼이(뽀스쩰)	푹신해요 пхукщинхеё
не беспокоиться 네 베스뽀꼬이찌샤	걱정 안해요 гокджонанхеё
ничего(нормально) 니체고(노르말노)	괜찮아요 генчанаё

Ⅶ. 방향(Направление)

русский язык произношение по русски	корейский язык произношение по корейски
восток 워스똑	동쪽/동방 донтёк/донбан
запад 자빠드	서쪽/서방 сотёк/собан
юг 육	남쪽/남방 намтёк/намбан

Часто употребляемая лексика

русский язык произношение по русски	корейский язык произношение по корейски
север себерг	북쪽/북방 буктёк/букбан
верх берхг	위/윗부분 ви/витбубун
низ низ	아래/밑바닥 аре/митбадак
перед пэрэд	앞/앞쪽 апх/апхтёк
зад зад	뒤/후방 дви/хубан
правая сторона пправая стороона	오른쪽/우측 орынтёк/учык
левая сторона левая стороона	왼쪽/좌측 вентёк/джачык
сбоку ссбоггу	옆/측면 ёпх/чыкмён
внутри бнуттри	안/내면 ан/нэмён
снаружи снаружи	밖/바깥 бак/бакатх
внизу бнизу	밑/하부 митх/хабу
прямо ппрамотток	바로/바르게 токбаро/барыге

▸ Идите прямо.
  이디쩨 쁘랴모.
  똑바로 가세요.
  Токбаро гасёё.

▸ На письменном столе стоит ваза для цветов.
  나 삐씨멘놈   쓰똘레 쓰또이뜨 바자 들랴 츠베또브.
  책상위에 꽃병이 있어요.
  Чек сан вие котбёни исоё.

Ⅷ. 재는(측량) 단위(Единицы измерения)

русский язык произношение по русски	корейский язык произношение по корейски
длина 들리나	길이 гири
ширина 쉬리나	넓이 нольби
рост/высота 로스트/브소따	키/신장 кхи/щинджан
вес 베스	무게 муге
купюра 꾸쀼라	화폐 хвапхе
доллар 돌라르	달러($) талло
вон 원	원(₩) вон

Часто употребляемая лексика

русский язык произношение по русски	корейский язык произношение по корейски
рубль 루블	루불(러시아돈) рубль
градус 그라두스	도 до
температура 쩸뻬라뚜라	온도 ондо
миллиметр 밀리메뜨르	밀리미터(mm) миллимитхо
сантиметр 산찌메뜨르	센티미터(cm) сэнтхимитхо
метр 메뜨르	미터(m) митхо
километр 낄로메뜨르	킬로미터(km) кхиломитхо
миля 밀랴	마일(mile) маил
фут 푸트	피트(feet ft.) пхитхы
литр 리뜨르	리터(l) литхо
миллилитр 밀릴리뜨르	밀리리터(ml) миллилитхо
децилитр 데칠리뜨르	데시리터(dl) дэщилитхо
грамм 그람	그램(g) гырем

русский язык произношение по русски	корейский язык произношение по корейски
килограмм 낄로그람	킬로그램(kg) кхиллогырем
тонна 똔나	톤(ton) тхон
влажность блажзноссчи	습도 сыбдо
выше ноля брщэ ноля	영상 ёнсан
ниже ноля ниже ноля	영하 ёнха
гын(600г.) 근	근(斤: 600g) гын

▶ Дайте один гын(один килограмм) свинины.
다이쩨 오딘 근 (오딘 낄로그람) 쓰위니느.
돼지고기 한 근(일 킬로) 주세요.
Двэджигоги хан гын(иль кило) джусэё.

IX. 신체(Части тела)

русский язык произношение по русски	корейский язык произношение по корейски
голова голоба	머리 мори

Часто употребляемая лексика

русский язык произношение по русски	корейский язык произношение по корейски
волос волос	머리카락 морикраг
лоб лоб	이마 има
глаз глазс	눈 нун
бровь брови	눈썹 нунсоп
ухо ухо	귀 гви
нос нос	코 кхо
ноздря ноздра	콧구멍 кхогумон
рот ротт	입 иб
губы губ	입술 ипсуль
зуб зуб	이빨(치아) ипаль(чиа)
шея шея	목 мог
плечо ппелечо	어깨 оке
грудь груди	가슴 гасым

русский язык произношение по русски	корейский язык произношение по корейски
рука 루까	팔 пхаль
локоть 로꼬찌	팔꿈치 пхалькумчи
запястье 자빠쓰쩨예	팔목 пхальмог
запястье 자빠쓰찌예	손목 сонмог
рука 루까	손 сон
палец на руке 빨레츠 나 루께	손가락 сонкараг
живот 지워뜨	배 бе
пупок 뿌뽀끄	배꼽 бекоп
спина 쓰삐나	허리 хори
ягодицы 야고디츠	엉덩이(둔부) ондони(дунбу)
бедро 베드로	허벅지 хобокджи
колено 꼴레노	무릎 мурыпх
голень 골레니	종아리 джонари

Часто употребляемая лексика

русский язык произношение по русски	корейский язык произношение по корейски
лодыжка 로드즈까	발목 бальмог
палец на ноге 빨레츠 나 노게	발가락 балькараг
нога 노가	발 баль
пятка 빠뜨까발	뒤꿈치 бальдвикумчи
кость 꼬쓰찌	뼈 пё
позвоночник 뽀즈보노치니끄	등뼈 дынпё
спина 쓰삐나	등 дын
бок(спина) 보끄(쓰삐나)	옆구리(허리) ёпхгури(хори)
таз 따즈	골반 гольбан
кровь 끄로비	피 пхи
брюшная полость(живот) 브류쉬나야 뽈로스찌 (지워뜨)	복부(배) бокбу(бе)
желудок 젤루도끄	위 ви
кишка 끼쉬까	장 джан

русский язык произношение по русски	корейский язык произношение по корейски
прямая кишка ппрамая ккишкка	대장 дэджан
тонкая кишка тткая ккишкка	소장 соджан
лёгкое рыгккоэ	폐 пхе
печень пэчени	간 ган
сердце сэрдче	심장 щимджан
бронхи бронхи	기관지 гигванджи
пищевод пищевод	식도 щикдо

▸ Очень красивые глаза.
 오첸   끄라ссыбые   глаза.
 눈이 너무 예뻐요.
 Нуни ному епоё.

▸ Похожи носы.
 ппохожи   нос.
 코가 많이 닮았어요.
 Кхога мани дальмассоё.

▸ Стройная фигура.
 ссыроиная   пигура.
 몸이 날씬해요.
 Моми нальщинхеё.

Часто употребляемая лексика

X. 병명과 약(Заболевания и лекарства)

1. В аптеке(약)

русский язык произношение по русски	корейский язык произношение по корейски
аспирин 아스삐린	아스피린 аспхирин
лекарство от простуды 레까르쓰뜨보 옷 쁘로스뚜드	감기약 гамгияк
мазь 마지	연고 ёнго
мазь от ожога 마지 옷 오조가	화상연고 хвасанёнго
вата 바따	솜 сом
сироп от кашля 시럽 옷 까쉴랴	기침시럽 гичимщироп
дезинфицирующее средство 데진피치루유쉐예 스레드쓰뜨보	소독약 содокяк
глазные капли 글라즈느예 까쁠리	안약 аняк
ушные капли 우쉬느예 까쁠리	점적 귀약 джомджок гвияк
лекарство от поноса 레까르스뜨보 옷 뽀노사	설사약 сольсаяк
лекарство от запора 레까르스뜨보 옷 자뽀라	변비약 бёнбияк

русский язык произношение по русски	корейский язык произношение по корейски
сердечное средство 세르데츠노예 스레드스뜨보	심장약 щимджаняк
пищеварительный фермент 뻬쉐바리쩰느이 페르멘뜨	소화제 сохвадже
пластырь 쁠라스뜨리	밴드 бенды
лейкопластырь 레이꼬쁠라스뜨리	거즈밴드 годжыбенды
резиновый бинт 레지노브이 빈뜨	탄력밴드 тхаллёкбенды
лекарство от головной боли 레까르스뜨보 옷 골로브노이 볼리	두통약 дутхоняк
противозачаточное средство 쁘로찌워자차또츠노예 스레드스뜨보	피임약 пхиимяк
средство от насекомых 스레드스뜨보 옷 나세꼬므흐	방충제 банчундже
инсулин 인슐린	인슐린 иншюллин
раствор йода 라스뜨보르 요다	요오드 액 ёодыек
обезбаливающее средство 오베즈발리바유쉐예 스레드스뜨보	진통제 джинтхондже
порошок 쁘로쇼끄	파우드 пхаудо
рецепт 레체쁘뜨	처방전 чобанджон

Часто употребляемая лексика

русский язык произношение по русски	корейский язык произношение по корейски
снотворное средство 스노뜨보르노예 스레드스뜨보	수면제 сумёндже
суппозитори, свечи 수뽀지또리이, 스베치	좌약 джаяк
витамины драже 비따미느 드라제	비타민정 битхаминджон
градусник 그라두스니끄	체온계 чеонге
пинцет 삔체뜨	핀셋 пхинсэт

2. Применение, доза

русский язык произношение по русски	корейский язык произношение по корейски
ингредиент 인그레디엔뜨	성분 сонбун
способ применения 쓰뽀소브 쁘리메네니야	사용 방법 саёнбанбоп
предостере жения 쁘레도스쩨레 제니야	주의 джуый
побочные эффекты 뽀보츠느예 에뻬끄뜨	부작용 буджагён
взаимодействие лекарств 브자이모제이스뜨비예 레까르스뜨브	약 상호적용 як санход жагён

русский язык произношение по русски	корейский язык произношение по корейски
способ применения 쓰뽀소브 쁘리메네니야	복용법 богёнбоп
1 раз в день 오딘 라즈 브 덴	하루 1회 хару ильхве
3 раза в день 뜨리 라자 브 덴	하루 3회 хару 3хве
несколько раз в день несколько раз в день 네스꼴꼬 라드 브 덴	하루 몇 회 복용 хару мёт хве богён
1 таблетка 오드나 따블레뜨까	1정 1 джон
20 капель 드바드차찌 까뻴	20방울 ищип бануль
1 мерный колпачок 오딘 메르느이 꼴빠초끄	1계량 컵 1 герян кхоп
до еды 도 예드	식전 щикджон
после еды 슬례 예드	식후 щикху
натощак 나또샤끄	공복으로 гонбогыро
проглотить с водой не 쁘로글로찌찌 쓰 보도이 네 разжёвывая 라즈죠브바야	물과 함께 씹지 않고 삼킨다 мульгва хамке щипти анкхо самкхинда
растворить в воде 라스뜨보리찌 브 보데	물에 녹인다 муре ногинда

Часто употребляемая лексика

русский язык произношение по русски	корейский язык произношение по корейски
рассосать во рту рассссащщи во рту	입에서 녹인다 ибесо ногинда
наружное применение наруз̆ноые пъримеенение	외복용 вебогён
тонким слоем нанести на кожу тонким ссылоэм нанессщи на ккозу и растереть и рассччэречщи	피부에 얇게 발라서 문지른다 пхибуэ яльбке балласо мунджирында
младенец мъладэнэц	유아 юа
до ~ лет до ~ рэт	~세 까지 сэ каджи
взрослый бъзърослыи	성인 сонин
хранить в недоступном для хораниччи бънедосттупъном дъля детей месте дэччэи мэсщэ	어린이 손에 닿지 않게 보관 орини сонэ датджи анкхе богван

▸ Закончилось лекарство.
   자꼰칠로쉬   레까르쓰뜨워.
  먹는 약이 끝났어요.
  Могнын яги кытнассоё.

▸ Обычно я принимаю это лекарство.
   오브츠노   야 쁘리니마유   에또 레까르쓰뜨워.
  보통 저는 이 약을 복용합니다.
  Ботхон джонын и ягыль богёнхамнида.

▸ Дайте лекарство от головной боли.
다이쩨   레까르쓰뜨워   옷   골로브노이   볼리.
두통약을 주시겠습니까?
Дутхонягыль джущигессымника?

▸ Дайте лекарство от боли в горле.
다이쩨   레까르쓰뜨워   옷   볼리   브고를레.
인후염약을 주시겠습니까?
Инхуёмягыль джущигессымника?

▸ Мне нужно лекарство от головной боли.
므네   누즈노   레까르쓰뜨워   옷   골로브노이   볼리.
저는 두통약이 필요합니다.
Джоным дутхоняги пхирёхамнида.

▸ Чтобы купить антибиотик нужен рецепт?
츠또브   꾸삐찌   안찌비오찍   누젠   레쳅뜨?
항생제를 사려면 처방전이 있어야 하나요?
Хансенджерыль сарёмён чобанджони исояхамника?

▸ Как принимать?
깍   쁘르니마찌?
복용법이 어떻게 되나요?
Богёнбоби отокхе двенаё?

▸ Есть рецепт.
예쓰찌   레쳅뜨.
처방전이 있습니다.
Чобанджони иссымнида.

▸ Вот рецепт.
봇   레쳅뜨.
여기 처방전입니다.
Ёги чобанджонимнида.

Часто употребляемая лексика

▸ Сколько раз в день принимать?
쓰꼴꼬   라즈 브덴   쁘리니마찌?
하루에 몇 번 먹습니까?
Харуэ мётбон могсымника?

▸ Принимайте это лекарство 3 раза в день.
쁘리니마이쩨   에또   레까르쓰뜨워   뜨리 라자   브덴.
이 약을 하루에 3번 복용하세요.
И ягыль харуэ сэ бон богёнхасеё.

▸ Сколько стоит?
쓰꼴꼬   쓰또잇?
얼마 입니까?
Ольмаимника?

▸ Дайте квитанцию о наличном расчёте.
다이쩨   끄위딴치유   오날리츠놈   라쓰쵸쩨.
현금 영수증 처리해주세요.
Хёнгым ёнсуджыныль чорихеджусеё.

3. В больнице(병원에서)

русский язык произношение по русски	корейский язык произношение по корейски
заболевание 자볼레바니예	병명 бёнмён
бронхиальная астма 브론히알나야 아스뜨마	천식 чонщик
простуда 쁘로스뚜다	감기 гамги
простуда с кашлем 쁘로스뚜다 쓰 까쉴렘	기침 감기 гичимгамги

русский язык произношение по русски	корейский язык произношение по корейски
ангина 안기나	목감기 мокгамги
грипп 그리쁘	독감 докгам
запор 자뽀르	변비 бёнби
сахарный диабет 사하르느이 디아베뜨	당뇨병 даннёбён
понос 뽀노스	설사 сольса
энцефалит 엔체팔리뜨	뇌염 нвеём
головная боль, мигрень 골로브나야 볼	두통 дутхон
зубная боль 주브나야 볼	치통 читхон
гипотермия 기쁘떼르미야	저체온증 джочеонджын
пневмония 쁘네브모니야	폐렴 пхерём
болезнь Лайма 볼레즈니 라이마	라임병 раимбён
тошнота 또쉬노따	구역질 гуёктиль
перелом 뻬렐롬	골절 гольджоль

Часто употребляемая лексика

русский язык произношение по русски	корейский язык произношение по корейски
ожог оджог	화상 хвасан
ларингит ларингитт	후두염 худуём
холера холеди	콜레라 коллора
брюшной тиф брюшной тифф	장티푸스 джантхипхусы
пищевое отравление пищевое оттравление	식중독 щикджундок
гепатит гепаттитт	간염 ганём
сердечные заболевания сердечные заболевания	심장질환 щимджан джильхван
опухоль оппухоль	종양 джоняк
малярия маллария	말라리아 малляриа
гипертония гиппертонния	고혈압 гохёрап
заражение зараджение	감염 гамём
насморк насморкк	콧물감기 кхотмуль гамги
бессонница бессонница	불면증 бульмён джын

русский язык произношение по русски	корейский язык произношение по корейски
отит 오찟	중이염 джуниём
цистит 치쓰찌뜨	방광염 банґванём
боль 볼	통증 тхонджын
атипичная пневмония 아찌뻬츠나야 쁘네브모니야	사스 сасы
птичий грипп 쁘찌치이 그리쁘	조류독감 джорюдокгам
сыпной тиф 스쁘노이 찌프	발진티푸스 бальджинтхи пхусы
энцефалит 엔체팔리뜨	뇌염 нвеём
язва желудка 야즈바 젤루드까	위궤양 вигвеян
гастрит 가스뜨리뜨	위염 виём
рана 라나	상처 санчо
аллергия 알레르기야	야알레르기 аллерыги
венерическое заболевание 베네리체스꼬예 자볼레바니예	성병 сонбён
воспаление матки 보스빨레니예 마뜨끼	자궁염 джагунём

Часто употребляемая лексика

▸ **Мне нужен врач.**
므녜   누젠   브라츠.
나는 의사가 필요합니다.
Нанын ыйсага пхирёхамнида.

▸ **Нужен врач, говорящий по-русски или по-английски.**
누젠   브라츠   고워랴쉬이   뽀 루쓰끼   일리 뽀 안글리이쓰끼.
러시아어나 영어를 할 줄 아는 의사가 필요합니다.
Рощиаона ёнорыль халь джуль анын ыйсага пхирёхамнида.

▸ **Порекомендуете врача?**
뽀레꼬멘두예쩨   브라차?
의사를 추천해 주시겠습니까?
Ыйсарыль чучонхеджущигесымника?

▸ **Порекомендуете глазного врача?**
뽀레꼬멘두예쩨   글라즈노고   브라차?
안과 의사를 추천해 주시겠습니까?
Анкваыйсарыль чучонхеджущигесымника?

▸ **Порекомендуете гинеколога?**
뽀레꼬멘두예쩨   기네꼴로가?
산부인과 의사를 추천해 주시겠습니까?
Санбуинква ыйсарыль чучонхеджущигесымника?

▸ **Порекомендуете ЛОР врача?**
뽀레꼬멘두예쩨   로르   브라차?
이비인후과 전문의를 추천해 주시겠습니까?
Ибиинхуква джонмуныйрыль чучонхеджущигесымника?

▸ **Познакомите меня с врачом дерматологом?**
뽀즈나꼬미쩨   메냐   쓰 브라촘   데르마똘로곰?
피부과 전문의를 소개해 주시겠습니까?
Пхибуква джонмуныйрыль чучонхеджущигесымника?

- Порекомендуете детского врача?
  뽀레꼬멘두예쩨　　　뎃쓰꼬고　　브라차?
  소아과 의사를 추천해 주시겠습니까?
  Соаква ыйсарыль чучонхеджущигесымника?

- Порекомендуете врача уролога?
  뽀레꼬멘두예쩨　　　브라차　우롤로가?
  비뇨기과 전문의사를 추천해 주시겠습니까?
  Бинёгиква джонмуныйрыль чучонхеджущигесымника?

- Порекомендуете врача стоматолога?
  뽀레꼬멘두예쩨　　　브라차　쓰또마똘로가?
  치과 의사를 추천해 주시겠습니까?
  Чиква ыйсарыль чучонхеджущигесымника?

- Где проходит осмотр?
  그제 쁘로호딧　　오쓰모뜨르?
  어디서 진료하나요?
  Одысо джиллёхамника?

- Запишите к врачу женщине.
  자삐쉬쩨　　　꼬 브라추　　젠쉬네.
  여의사에게 진료 접수해 주시겠어요?
  Йоыйсаэге джиллё джопсухеджущигессоё?

- Можно вызвать врача на дом?
  모즈노　　브즈와찌　　브라차　나　돔?
  의사 선생님이 저의 집으로 왕진오실 수 있나요?
  Ыйса сонсенними джоый джибыро ванджинощиль су иннаё?

- Есть номер по которому можно обращаться 24 часа?
  예쓰찌 노메르　　뽀　꼬또로무　　모즈노　　옵라샤찌샤　　드왓차찌 체뜨레 차사?
  24시간 되는 전화번호가 있습니까?
  Ищипса щиган двенын джонхвабонхога иссымника?

Часто употребляемая лексика

▸ **Делал прививку от гепатита.**
데랄   쁘리위브꾸   옷 게빠찌따.
간염 접종을 했습니다.
Ганём джопджоныль хессымнида.

▸ **Делал прививку от столбняка.**
데랄   쁘리위브꾸   옷 게빠찌따.
파상풍 접종을 했습니다.
Пхасанпхун джопджоныль хессымнида.

▸ **Делал прививку от брюшного тифа.**
데랄   쁘리위브꾸   옷 브류쉬노고   찌파.
장티푸스 예방 접종을 했습니다.
Джантхипхусы йебан джопджоныль хессымнида.

▸ **Мне нужны контактные линзы.**
므녜   누즈느   꼰딱뜨느예   린즈.
저는 콘택트렌즈가 필요합니다.
Джонын кхонтхэктхыренджы пхирёхамнида.

▸ **Мне надо подобрать очки.**
므녜   나도   뽀돕라찌   오츠끼.
저는 안경을 맞추어야 합니다.
Джонын ангёныль мачуояхамнида.

▸ **Симптомы состояния.**
씸쁘또므   쏘쓰또야니야
몸 증상 상태
Мом джынсан сантхэ

▸ **Слова врача**
쓸로와   브라차
의사의 말
Ыйсаый маль

- Что беспоконт?
  츠또   베쓰뽀꼬잇?
  어디가 불편하신가요?
  Одыга бульпхёнхащингаё?

- Где беспокоит?
  그제   베쓰뽀꼬잇?
  어디가 편찮으신가요?
  Одыга пхёнчаныщингаё?

- Где болит?
  그제   볼릿?
  어디가 아프신가요?
  Одыга апхыщингаё?

- Есть температура?
  예쓰찌 쩸뻬라뚜라?
  열이 있습니까?
  Ёри иссымника?

- Как долго находитесь в таком состоянии?
  깍   돌고   나호디쩨쉬   브 따꼼   쏘쓰또야니이?
  이 상태가 오래 되었나요?
  И сантхега оре двеоннаё?

- До этого часто были такие симптомы?
  도 에또고 차쓰또 블리 따끼예 씸쁘또므?
  이전에도 종종 증상이 있었습니까?
  И джоне до джонджон джынсани исоссымника?

- Сколько дней путешествовали?
  쓰꼴꼬   드네이 뿌쪠쉐쓰뜨워왈리?
  얼마나 오랫동안 여행 하였습니까?
  Ольмана оретонан йохен хаёссымника?

Часто употребляемая лексика

▸ Спиртное употребляете?
쓰뻬르뜨노예 우뽀뜨렙랴예쩨?
술을 마십니까?
Сурыль мащимника?

▸ Курите?
꾸리쩨?
담배를 피우십니까?
Дамберыль пхиущимника?

▸ Есть аллергия?
예쓰찌 알레르기야?
알레르기가 있습니까?
Аллерыгига иссымника?

▸ Вам необходимо вернуться домой.
왐 네옵호디모 베르누찌샤 도모이.
귀가 하셔야 합니다.
Гвига хащёяхамнида.

▸ Не очень серьёзно.
녜 오첸 쎄리요즈노.
심각하지 않습니다.
Щимгакхаджи анхсымнида.

▸ Слова больного.
슬로와 볼노고.
환자의 말
Хванджаый маль.

▸ Я сильно болею.
야 실노 볼레유.
저는 매우 아픕니다.
Джонын меу апхымнида.

- **Мой друг болеет.**
  모이 드룩 볼레옛.
  내 친구가 아픕니다.
  Нэ чингуга апхымнида.

- **Мой ребёнок болеет.**
  모이 레뵤녹 볼레옛.
  내 아이가 아픕니다.
  Нэ аига апхымнида.

- **Он ушибся, у него кровоподтёк.**
  온 우쉽샤, 우 네고 끄로워뽀쭉.
  그가 타박상을 입었습니다.
  Гыга тхабаксаныль ибоссымнида.

- **Здесь болит.**
  즈데쉬 볼릿.
  여기가 아픕니다.
  Йогига апхымнида.

- **У меня есть аллергия.**
  우 메냐 예쓰찌 알레르기야.
  알레르기 반응이 있습니다.
  Аллерыги баныни иссымнида.

- **Астма.**
  아쓰뜨마.
  천식입니다.
  Чонщикимнида.

- **Есть заболевание печени.**
  예쓰찌 자볼레와니예 뻬체니.
  간질병이 있습니다.
  Ганджильбёни иссымнида.

Часто употребляемая лексика

▸ **Сердечный приступ.**
쎄르데츠느이 쁘리쓰뚭.
심장발작이 있습니다.
Щимджанбальджаги иссымнида.

▸ **Есть температура.**
예쓰찌 쩸뻬라뚜라.
열이 있습니다(높습니다).
Йори иссымнида.

▸ **Часто тошнит.**
차쓰또 또쉬닛.
구역질이 자주 납니다.
Гуйокджири джаджу намнида.

▸ **Часто кружится голова.**
차쓰또 끄루짓샤 골로와.
자주 머리가 어지럽습니다.
Джаджу морига оджиропсымнида.

▸ **Сильно простыл.**
씰노 쁘로쓰뜰.
감기가 심하게 걸렸습니다.
Гамгига щимхаге голёссымнида.

▸ **Голова болит.**
골로와 볼릿.
머리가 아픕니다.
Морига апхымнида.

▸ **Болит горло.**
볼릿 고를로.
목이 아픕니다.
Моги апхымнида.

- Простуда с кашлем.
  쁘로쓰뚜다   쓰 까쉴렘.
  기침감기입니다.
  Гичимгамгиимнида.

- Заболел ангиной.
  자볼렐   안기노이.
  목감기에 걸렸습니다.
  Мокгамгиэ голлёссымнида.

- Недавно заболел гриппом.
  네다브노   자볼렐   그리쁨.
  얼마전 독감에 걸렸습니다.
  Ольмаджон докгамгиэ голлёссымнида.

- Недавно заболел пневмонией.
  네다브노   자볼렐   쁘네브모니에이.
  얼마전 폐렴에 걸렸습니다.
  Ольмаджон пхерёме голлёссымнида.

- Меня укусила оса.
  메냐   우꾸실라   오싸.
  벌에 쏘였습니다.
  Боре соёссымнида.

- Болел желудок.
  볼렐   젤루독.
  위가 아팠습니다.
  Вига апхассымнида.

- Открылся понос.
  옷끄를샤   쁘노쓰.
  설사가 났습니다.
  Сольсага нассымнида.

Часто употребляемая лексика

- У меня запор.
  우 메냐   자뽀르.
  변비에 걸렸습니다.
  Бёнбие голёссымнида.

- У меня депрессия.
  우 메냐   데쁘레씨야.
  저는 우울증이 있습니다.
  Джонын уульджыни иссымнида.

- У меня лихорадка.
  우 메냐   리호랏까.
  열병에 걸렸습니다.
  Йёльбёне голлёссымнида.

- У меня озноб.
  우 메냐   오즈놉.
  오한이 납니다(듭니다).
  Охани намнида(дымнида).

- Я слаб здоровьем.
  야 쓰랍   즈도로비옘.
  저는 허약 합니다.
  Джонын хоякхамнида.

- У меня обезвоживание.
  우 메냐   오베즈워지와니예.
  저는 탈수증이 있습니다.
  Джонын тхальсуджыни иссымнида.

- Есть проблемы в нервной системе.
  예쓰찌 쁘롭레므   브네르브노이   시스쪠메.
  신경계에 문제가 있습니다.
  Щингёнгеэ мунджега иссымнида.

▸ У меня судороги в ноге.
  우 메내   수도로기   브 노게.
  다리에 쥐가 납니다.
  Дарие джига намнида.

▸ Плохо себя чувствую.
  쁠로호   세뱌   추브쓰뜨브유.
  몸 상태가 나쁩니다.
  Мом сантхега напымнида.

▸ Состояние ухудшилось ещё больше.
  쏘쓰또야니예   우 쉴로시   예쇼 볼쉐.
  몸 상태가 더 나빠졌습니다.
  Мом сантхега до нападжёссымнида.

▸ Состояние улучшилось.
  쏘쓰또야니예   울루치쉴로쉬.
  몸 상태가 나아졌습니다.
  Мом сантхега нааджёссымнида.

▸ Здесь не принимают пищевые продукты.
  즈졔쉬   녜   쁘리니마윳   삐쒜브예   쁘로둑뜨.
  여기서 음식을 받지 않습니다.
  Йогисо ымщикмурыль батти анхсымнида.

▸ Я не спал.
  야 녜   쓰빨.
  잠을 못 잤습니다.
  Джамыль мот джассымнида.

▸ Я поранился.
  야   쁘라닐샤.
  상처를 입었습니다.
  Санчорыль ибоссымнида.

Часто употребляемая лексика

▸ Упал.
우빨.
넘어 졌습니다.
Номоджоссымнида.

▸ Не могу двигаться.
네 모구 드위가찌샤.
몸을 움직일 수 없습니다.
Момыль умджигиль су опсымнида.

▸ Вы дадите мне лекарство от простуды?
브 다디쩨 므녜 라까르쓰뜨워 옷 쁘로쓰뚜드?
감기약을 주시겠습니까?
Гамгиягыль джущигессымника?

▸ Высокое давление.
브쏘꼬예 다블레니예.
고혈압입니다.
Гохёрапимнида.

▸ Низкое давление.
니즈꼬예 다블레니예.
저혈압입니다.
Джохёрапимнида.

▸ Это пациент с сахарным диабетом.
에또 빠치옌뜨 쓰 싸하르늠 디아베똠.
당뇨병환자입니다.
Даннёхванджаимнида.

검사(Осмотр)

▸ **Чем Вам помочь?**
쳼 밤 뽀모치?
무엇을 도와 드릴까요?
Муосыль довадырилькаё?

▸ **Где болит?**
그제 볼릿?
어디가 아픕니까?
Одыга апхымника?

▸ **Здесь болит.**
즈제쉬 볼릿.
여기가 아픕니다.
Ёгига апхымнида.

▸ **Снимите одежду.**
쓰니미쩨 오제즈두.
옷을 벗으세요.
Осыль босысэё.

▸ **Поднимите слегка рукав.**
뽀드니미쩨 쓸레그까 루까브.
소매를 약간 올리세요.
Сомерыль яккан оллисэё.

▸ **Откройте рот.**
옷끄로이쩨 롯.
입을 벌리세요.
Ибыль боллисэё.

Часто употребляемая лексика

▸ Глубоко вдохните.
글루보꼬   브도흐니쩨.
숨을 깊게 들이쉬세요.
Сумыль гипхке дырищисэё.

▸ Не дышите.
녜   드쉬쩨.
숨을 참으세요
Сумыль чамысэё.

▸ Надо сделать анализ крови.
나도   쓰델라찌   아날리즈   끄로위.
피검사를 해야 합니다.
Пхи гомсарыль хеяхамнида.

▸ Надо сделать анализ мочи.
나도   쓰델라찌   아날리즈   모치.
소변검사를 해야 합니다.
Собёнгомсарыль хеяхамнида.

▸ Надо сделать рентгенснимок.
나도   쓰델라찌   렌뜨겐쓰니목.
엑스레이를 찍어야 합니다.
Иксыреирыль тигояхамнида.

▸ Надо делать операцию.
나도   делать   오뻬라치유.
수술을 해야 합니다.
Сусурыль хеяхамнида.

▸ Надо ложиться в больницу на несколько дней.
나도   로지쨔샤   브 볼니추   на   нескольκо   드네이.
며칠 입원해야 합니다.
Мёчиль ибвонхеяхамнида.

▸ Заболевание не серьёзное.
   자볼레와니예   녜   쎄리요즈노예.
   병세가 심각하지 않습니다.
   Бёнсэга щимгагхаджи анхсымнида.

▸ Я сделал прививку от гепатита.
   야 쓰델랄   쁘리비브꾸   옷 게빠찌따.
   저는 간염 예방을 접종 했습니다.
   Джоным ганём йебаныль джопджонхессымнида.

알레르기(Аллергия)

▸ Высыпала аллергия на коже.
   브쓰빨라   알레르기야   나 꼬제.
   피부에 알레르기가 있습니다.
   Пхибуе аллерыгига иссымнида.

▸ Есть аллергия на антибиотики.
   예쓰찌 알레르기야   나 안찌비오찌끼.
   항생제 알레르기가가 있습니다.
   Хансендже аллерыгига иссымнида.

▸ Есть аллергия на противовоспалительные средства.
   예쓰찌   알레르기야   나 쁘로찌워위쓰빨리쩰느예   쓰레드쓰뜨바.
   항염제 알레르기가 있습니다.
   Ханёмдже аллерыги иссымнида.

▸ Есть аллергия на аспирин.
   예쓰찌   알레르기야   나 아쓰삐린.
   아스피린 알레르기가 있습니다.
   Асыпхирин аллерыги иссымнида.

Часто употребляемая лексика

▸ Есть аллергия на кодеин(обезбаливающие, снотворные
예쓰찌   알레르기야   나   꼬데인   (오베즈발리와유쉬예,   쓰놋우르느예
средства).
쓰레뜨쓰뜨와).
코데인(진통, 수면제) 알레르기가 있습니다.
Кходеин (джинтхон, сумёндже) аллерыгига иссымнида.

▸ Есть аллергия на пенициллин.
예쓰찌   알레르기야   나   뻬니칠린.
페니실린 알레르기가 있습니다.
Пхенищиллин аллерыгига иссымнида.

▸ Есть аллергия на цветочную пыльцу.
예쓰찌   알레르기야   나   츠베또츠누유   쁠추.
꽃가루 알레르기가 있습니다.
Котгару аллерыгига иссымнида.

▸ Есть аллергия на сульфаниламиды.
예쓰찌   알레르기야   나   쑬파닐아미드.
설파제 알레르기가 있습니다.
Сольпхадже аллерыгига иссымнида.

산부인과(Гинекология)

◉ 의사의 말(Слова врача)

▸ Вы пользуетесь противозачаточными средствами?
브   쁠주예쩨쉬   쁘로찌워자차또츠느미   쓰레드쓰뜨와미?
피임제를 사용하십니까?
Пхиимджерыль саёнхащимника?

▸ У Вас есть менструация?
우 바쓰 예쓰찌 멘쓰뜨루아치야?
생리가 있습니까?
Сеннига иссымника?

▸ Вы беременны?
브 베레멘느?
임신 중입니까?
Имщин джунимника?

▸ Когда была последнняя менструация?
꼬그다 블라 뽀쓸레드냐야 멘쓰뜨루아치야?
마지막 생리가 언제 입니까?
Маджимак сеннига ондже имника?

▸ Я беременна.
야 베레멘나.
임신입니다.
Имщинджунимнида.

◉ 환자의 말(Слова Больного)

▸ Кажется я забеременела.
까제뜨샤   야 자베레메넬라.
임신한 것 같습니다.
Имщинхан гот гатхсымнида.

▸ Я принимаю противозачаточные средства.
야 쁘리니마유   쁘로찌워자차또츠느예   쓰레드쓰뜨와.
피임약을 복용하고 있습니다.
Пхиимягыль богёнхаго иссымнида.

Часто употребляемая лексика

▸ Нет менструации 6 месяцев.
넷   멘쓰뜨루아치이   쉐쓰찌 메사체브.
6주 동안 생리가 없습니다.
Юкджу донан сеннига опсымнида.

▸ Здесь шишка.
즈제쉬   쉬쉬까.
여기 혹이 있습니다.
Йоги хоги иссымнида.

▸ У Вас болезненные месячные?
우   바쓰   보레즈녠느예   메싸츠느예?
생리통이 있나요?
Сеннитхони иннаё?

▸ У меня уретрит.
우   메냐   우레뜨릿.
요도염이 있습니다.
Йёдоёми иссымнида.

▸ Есть воспаление женских половых органов.
예쓰찌   보쓰빨레니예   젠쓰끼흐   뽈로브흐   오르가노프.
질에 염증이 있습니다.
Джире ёмджыни иссымнида.

▸ Сделаю обследование на наличие беременности.
쓰델라유   옵쓸레도와니예   나 날리치예   베레멘노쓰찌.
임신 검사를 해 보겠습니다.
Имщин гомсарыль хебогессымнида.

▸ Я хочу принимать противозачаточные средства.
야 호추   쁘리니마찌   쁘로찌워자차또츠느예   쓰레드쓰뜨와.
피임제를 원합니다.
Пхиимджерыль вонхамнида.

대체의학 (Нетрадиционная медицина)

▸ Я не лечусь обычной медициной.
야 녜 레추쉬 오브츠노이 메디치노이.
저는 양의학 치료를 받지 않습니다.
Джонын яныйхаг чирёрыль батти анхсымнида.

▸ Я предпочитаю нетрадиционную медицину.
야 쁘레드뽀치따유 녜뜨라디치온누유 메디치누.
저는 대체의학을 선호합니다.
Джонын дэчеыйхагыль сонхохамнида.

▸ Могу я встретиться с человеком, занимающимся
모구 야 브쓰뜨레찌쨔샤 쓰 첼로베꼼, 자니마유쉼샤
иглоукалыванием?
이글로우깔르바니옘?
침술을 하는 사람을 만날 수 있습니까?
Чимсурыль ханын сарамыль маннал су иссымника?

▸ Могу я встретиться с человеком, занимающимся
모구 야 브쓰뜨레찌쨔샤 쓰 첼로베꼼, 자니마유쉼샤
лечением натуральными средствами?
레체니옘 나뚜랄느미 쓰레드쓰뜨와미?
자연 요법을 하는 사람을 만날 수 있습니까?
Джаён ёпобыль ханын сарамыль маннал су иссымника?

▸ Могу я встретиться с человеком, лечащим масажем?
모구 야 브쓰뜨레찌쨔샤 쓰 첼로베꼼, 레차쉼 맛사젬?
마사지 요법을 하는 사람을 만날 수 있습니까?
Масаджи ёпобыль ханын самрамыль маннал су иссымника?

Часто употребляемая лексика

:: 치과에서 (У зубного врача)

▸ Зуб болит.
  줍   볼릿.
  이가 아픕니다.
  Ига апхымнида.

▸ У меня зубная боль.
  у мена 줍ная боль.
  치통이 있습니다.
  Читхо ни иссымнида.

▸ Болит зуб мудрости.
  볼릿 줍 무드로쓰찌.
  사랑니가 아픕니다.
  Саранныга апхымнида.

▸ Болят дёсны.
  볼럇   됴쓰느.
  잇몸이 아픕니다.
  Итмоми апхымнида.

▸ Болит зуб с этой стороны.
  볼릿 줍 쓰 에또이 쓰또로느.
  이쪽이가 아픕니다.
  И тёг ига апхымнида.

▸ Болит зуб сверху с этой стороны.
  볼릿 줍 쓰베르후 쓰에또이 쓰또로느.
  이쪽 윗니가 아픕니다.
  И тёг витныга апхымнида.

- Болит зуб снизу с этой стороны.
 볼릿   줍   쓰니주   쓰 에또이   쓰또로느.
 이쪽 아랫니가 아픕니다.
 И тёг аретнига апхымнида.

- Болит передний зуб с этой стороны.
 볼릿   빠레드니이   줍   쓰 에또이   쓰또로느.
 이쪽 앞니가 아픕니다.
 И тёг апхнига апхымнида.

- Болит зуб сзади.
 볼릿   줍   쓰자디.
 뒤에 이가 아픕니다.
 Двие ига апхымнида.

- Выпала пломба.
 브빨라   쁠롬바.
 홈에 매운(때운, 봉밖은) 것이 빠졌습니다.
 Хом меунгощи паджессымнида.

- Зуб сломался.
 줍   쓸로말샤.
 이가 부러졌습니다.
 Ига буроджоссымнида.

- В зубе дырка.
 브 주베   드르까.
 이에 구멍이 났어요.
 Ие гумони нассоё.

- Сломался зубной протез.
 쓸로말샤   주브노이   쁘로떼즈.
 의치를 망가뜨렸습니다.
 Ыйчирыль мангатырёссымнида.

Часто употребляемая лексика

▸ Сделайте мне укол.
쓰델라이쩨 므네 우꼴.
주사를 놓아 주세요.
Джусарыль нохаджусеё.

▸ Не делайте мне укол.
녜 델라이쩨 므네 우꼴.
주사를 놓지 말아 주세요.
Джусарыль нохчимара джусеё.

▸ Это временное лечение.
에또 브레멘노예 레체니예.
이것은 임시치료입니다.
Игосын имщичирёимнида.

▸ Надо удалить зуб.
나도 우달리찌 줍.
이를 빼야 합니다.
Ирыль пеяхамнида.

▸ Я не хочу удалять зуб.
야 녜 호추 우달랴찌 줍.
이를 빼고 싶지 않습니다.
Ирыль пегощипти анхсымнида.

▸ Сделайте мне обезбаливание.
쓰델라이쩨 므네 오베즈발리와니예.
마취를 해 주십시오.
Мачирыль хеджущипщиё.

XI. 교통수단과 장소
(Транспортные средства и место)

русский язык произношение по русски	корейский язык произношение по корейски
почта 뽀쯔따	우체국 учегук
банк 반끄	은행 ынхен
больница 볼니차	병원 бёнвон
школа 쉬꼴라	학교 хаккё
рынок 르녹끄	시장 щиджан
супермаркет 수뻬르마르껫	슈퍼 щюпхо
Иматы 이마뜨	Е-마트 иматхы
парк 빠르끄	공원 гонвон
автозаправка 아브또자쁘라브까	주유소 джуюсо
автобус 아브또부스	버스 босы
такси 딱시	택시 тхэкщи

Часто употребляемая лексика

русский язык произношение по русски	корейский язык произношение по корейски
велосипед 벨로시뼫	자전거 джаджонго
станция метро 스딴치야 메뜨로	지하철역 джихачоль
Президентский дворец прези дентсский дворец	청와대 чонвадэ
Национальная ассамблея нацио нальная ассамблея	국회의사당 гукхвеыйсадан
Верховный суд верховный суд	법원 бобвон
Генеральная прокуратура генеральная прокуратура	검찰청 гомчальчон
милиция милиция	경찰서 гёнчальсо
полицейский участок полицейский участок	지구대(파출소) джигудэ(пхачулсо)
мэрия мэрия	시청 щичон
районная администрация районная администрация	구청 гучон
округ округ	군청 гунчон
поселение поселение	읍 ып
районная администрация районная администра-ция	동사무소 донсамусо

русский язык произношение по русски	корейский язык произношение по корейски
мотоцикл 모또치끌	오토바이 отхобаи
самолёт 사몰류뜨	비행기 бихенги
аэропорт 아에로뽀르뜨	공항 гонхан
станция вокзала 스딴치야　복잘라	기차역 гичаёг
автобусный терминал(скоростные) авртӧбусны́й　терминал	고속버스 터미널 госокбосы тхоминоль
автовокзал(междугородние) 아부또복잘	시외버스 터미널 щивебосы тхоминоль
корабль 꼬라블	배 бе
порт 뽀르뜨	항구 хангу
пассажирский терминал 빳사지르스끼이　떼르미날	여객선 터미널 йёгексон тхоминоль
иммиграционный офис 임미그라치온늬　오피스	출입국 관리소 чурипгук гваллисо
таможня 따마즈냐	세관 сэгван
налоговое управление 세무소	세무서 сэмусо
газетное издательство 가제뜨노예　이즈다쪨스뜨보	신문사 щинмунса

Часто употребляемая лексика

русский язык произношение по русски	корейский язык произношение по корейски
телевидение ччелевиденийе	방송국 бансонгук
здравпункт здравпункт	보건소 богонсо
районныйофис райоонныйофис	면사무소 мёнсамусо
общество Красного Креста общесство красного крессста	적십자회 джок щипджахве
кинотеатр кинощеаттр	영화관 йонхва-гван
детский дом десский сад	고아원 гоавон
пожарная станция пожарная станция	소방서(119) собансо
посольство ппосольство	대사관 дэсагван
консульство кконсульство	영사관 йонсагван
стадион стадион	운동장 ундонджан
детский сад десский сад	유치원 ючивон
автобусная остановка автобусная остановка	버스정류장 босыджонрюджан
карантийная служба карантийная служба	검역소 гомёксо

русский язык произношение по русски	корейский язык произношение по корейски
страховая компания 스뜨라호바야 꼼빠니야	보험회사 бохомса
энергетическая служба 에네르게찌체스까야 슬루즈바	전력회사 джонрёкхвеса
книжный магазин 끄니즈느이 마가진	서점 соджом
магазин одежды 마가진 오데즈드	옷가게 отгаге
магазин 마가진	가게 гаге
магазин канцтоваров 마가진 깐츠또바로프	문구점 мунгуджом
столовая 스똘로바야	식당 щиктан
ларёк, киоск 라료끄, 끼오스끄	매점 меджом
парикмахерская 빠릭마헤르스까야	미용실 миёнщиль
магазин косметики 마가진 꼬스메찌끼	화장품가게 хваджанпху мгаге
гинекология 기네꼴로기야	산부인과 санбуинква
турфирма 뚜르피르마	여행사 йохенса
отель, гостиница 오뗄, 고스찌니차	호텔 хотхель

Часто употребляемая лексика

русский язык произношение по русски	корейский язык произношение по корейски
мотель 모뗄	모텔 мотхель
мотель 모뗄	여관 йогван
брачное агенство 브라츠노예 아겐스뜨보	결혼 정보회사 гёрхонджон бохвеса
касса 까사	매표소 мепхёсо
фруктовый магазин 프루끄또브이 마가진	과일 가게 гваильгаге
цветочный магазин 츠베또츠느이 마가진	꽃집 котджиб
хлебный магазин 흘레브느이 마가진	빵집 панджиб
зона отдыха 조나 옷드하	휴게소 хюгесо
центр города 첸뜨르 고로다	시내 щинэ
детские ясли 뎻스끼예 야쓸리	어린이집 ориниджиб
начальная школа 나찰나야 쉬꼴라	초등학교 чодынхаккё
средняя школа 스레드냐야 쉬꼴라	중학교 джунхаккё
высшая школа 브스샤야 쉬꼴라	고등학교 годынхаккё

русский язык произношение по русски	корейский язык произношение по корейски
университет 우니베르시쩨뜨	대학교 дэхаккё

- Где школа?
  그졔 쉬꼴라?
  학교 이디예요?
  Хаккё одыеё?

- Как пройти на почту?
  깍 쁘로이찌 나 뽀츠뚜?
  우체국에 어떻게 가요?
  Учегуге отохке гаё?

- Приехал в посольство на поезде.
  쁘리예할 브 뽀쏠쓰뜨워 나 뽀예즈데.
  대사관에 기차로 왔어요.
  Дэсагване гичаро вассоё.

XII. 살림 (Домашнее хозяйство)

русский язык произношение по русски	корейский язык произношение по корейски
столовая 쓰똘로바야	식당 щиктан
идти в столовую 이드찌 브 쓰똘로부유	식당에 가다 щиктане гада

Часто употребляемая лексика

русский язык произношение по русски	корейский язык произношение по корейски
ресторан 레스또란	레스토랑 ресытхоран
завтрак 자브뜨락	아침밥 ачимбап
обед 오벧	점심밥 джомщимбап
ужин 우진	저녁밥 джонёкбап
ужинать 우지나찌	저녁을 먹다 джонёгыль мокта
еда, блюда 예다, 블류다	음식 ымщик
меню 메뉴	매뉴 меню
каша 까샤	밥 бап
суп 수쁘	국 гук
рис 리스	쌀 саль
масло 마슬로	기름 гирым
соль 솔	소금 согым
сахар 사하르	설탕 сольтхан

русский язык произношение по русски	корейский язык произношение по корейски
перец 뻬레쯔	고추 гочу
соус из анчоусов 소우스 이즈 안초우소프	멸치 액젓 мёльчи екджот
соевый соус 소예브이 소우스	간장 ганджан
хлеб 흘렙	빵 пан
рамён(лапша) 라면 (랍샤)	라면 рамён
мясо 먀소	고기 гоги
говядина 고뱌디나	소고기 согоги
свинина 스비니나	돼지고기 дведжигоги
курятина 꾸랴찌나	닭고기 дакгоги
рыба 르바	물고기 мульгоги
рыба 르바	생선 сенсон
блюда из сырой рыбы, мяса 블류다 이즈 스로이 르브, 먀사	회 хве
яйцо 야이쪼	계란 геран

Часто употребляемая лексика

русский язык произношение по русски	корейский язык произношение по корейски
овощи оборщ	야채 яче
помидор ппимидорь	토마토 тхоматхо
батат баттты	고구마 гогума
картофель карттопель	감자 гамджа
лук репчатый лукко леппычаттыи	양파 янпха
лук зеленый лукко джёлрёныи	족파 тёкпха
чеснок чесынок	마늘 маныль
соевый творог соеврыи ттыборок	두부 дубу
земляной орех джемляной орехы	땅콩 танкхон
фрукты прукктты	과일 гваиль
виноград биноградь	포도 пходо
яблоко япроккё	사과 сагва
груша груся	배 бе

русский язык произношение по русски	корейский язык произношение по корейски
хурма 후르마	감 гам
арбуз 아르부즈	수박 субак
банан 바난	바나나 банана
апельсин 아뻴신	오렌지 оренджи
спиртное 스삐르뜨노예	술 суль
виски 비스끼	양주 янджу
соджу 소주	소주 сожу
пиво 삐보	맥주 мекджу
макколи 막걸리	막걸리 макколи
сок 쏘끄	쥬스 джусы
кола 꼴라	콜라 кхолла
молоко 몰로꼬	우유 ую
кофе 꼬페	커피 кхопхи

Часто употребляемая лексика

русский язык произношение по русски	корейский язык произношение по корейски
стопка 스또쁘가	잔 джан
чашка, миска 차쉬까, 미스까	그릇 гырыт
палочки 빨로츠끼	젓가락 джоткараг
ложка 로즈까	숟가락 суткараг
электрокастрюля 엘레끄뜨로까스뜨률랴	전기밥솥 джонгибапсот
газовая плита 가조바야 쁠리따	가스랜지 гасыренджи
кимчи 낌치	김치 кимчи
свинина 스비니나	삼겹살 самгёпсаль
блюдо из курицы 블류도 이즈 꾸리츠	삼계탕 самгетхан
блюдо из сладкой сои и ледяной крошки 블류도 이즈 슬라드꼬이 소이 이 레댜노이 끄로쉬끼	팥빙수 пхатбинсу
закуски 자꾸스끼	반찬 банчан
питательные вещества 삐따쩰느예 베쉐스뜨바	영양 йёнян

русский язык произношение по русски	корейский язык произношение по корейски
традиционная кухня 뜨라디치온나야 꾸흐냐	전통음식 джонтхон ымщик
западная кухня 자빠드나야 꾸흐냐	양식 янщик
корейская еда 꼬레이스까야 예다	한국음식 хангукымщик
вкусно 브꾸스노	맛있다 мащитта
невкусно 네브꾸스노	맛없다 матопта
попробовать 뽀쁘로보와찌	먹어보다 могобода
горький 고리끼이	맵다 мепта
солёный 솔료느이	짜다 тяда
сладкий 슬라드끼이	달다 дальда
горький(терпкий) 고리끼이 (쩨르쁘끼이)	쓰다 сыда
несолёный 네솔료느이	싱겁다 щингопта
повар 뽀와르	요리사 ёриса
готовить еду 고또비찌 예두	요리하다 ёрихада

Часто употребляемая лексика

русский язык произношение по русски	корейский язык произношение по корейски
нож ноз	칼 кхаль
доска разделочная доска разделочная	도마 дома
ножницы ножницы	가위 гави
кастрюля кастрюля	냄비 нэмби
сковорода сковорода	후라이팬 хураипхен
чашка чашка	그릇 гырыт
блюдце блюдче	접시 джопщи
поварёшка поварёшка	국자 гукджа
лопатка лопатка	주걱 джугок
варить варити	삶아요 сальмаё
жарить жарити	볶아요 бокаё
тушить тушити	조림해요 джоримхеё
жарить в масле жарити в масле	튀겨요 тхигёё

русский язык произношение по русски	корейский язык произношение по корейски
кипеть 끼뻬찌	끓어요 кырхоё
выпаривать 브빠리바찌	뜸드려요 тымдырёё
готовить тушеное блюдо 고또비찌 뚜쇼노예 블류도	찜해요 тимхеё
раковина 라꼬비나	싱크대 синкхыдэ
миксер 믹세르	믹서기 миксоги
резиновые перчатки 레지노브예 뻬르찻끼	고무장갑 гомуджангап
кухонное полотенце 꾸혼노예 뽈로쩬체	행주 хенджу
губка 굽까	수세미 сусеми
посуда для закусок 뽀수다 들랴 자꾸속	반찬통 банчантхон
открывашка 오뜨끄르바쉬까	병따개 бёнтаге
микроволновка 뮈크로볼노프까	전자 레인지 джонджа реинджи
вентилятор 벤찔랴또르	선풍기 сонпхунги
тазик 따지끄	다라 дара

Часто употребляемая лексика

русский язык произношение по русски	корейский язык произношение по корейски
чайник 차이닉	주전자 джуджонджа
мусорная корзина 무소르나야 꼬르지나	휴지통 хюджитхон
вилка 빌까	포크 пхо́кхы
корзина 꼬르지나	바구니 багуни
средство для мытья посуды 스롇쓰뜨보 들랴 므찌야 뽀수드	퐁퐁 пхонпхон

▸ Дайте палочки.
   다이쩨   빨로츠끼.
   젓가락 주세요
   Джокараг джусеё.

▸ Закончился рис.
   자꼰칠샤   리쓰.
   쌀이 떨어 졌어요
   Сари тороджоссоё.

▸ Хорошо заправил.
   호로쇼   자쁘라윌.
   간 맞게 했어요.
   Ган матке хессоё.

▸ **Кипит рамён.**
끼뻿   라면.
라면이 끓어요.
Рамёни кырхоё.

XIII. 생활용품(Бытовые принадлежности)

русский язык произношение по русски	корейский язык произношение по корейски
платяной шкаф 쁠라쨔노이 쉬까프	옷장 оттян
кровать 끄로바찌	침대 чимдэ
плед 쁠레뜨	담요 дамё
одеяло 오데얄로	이불 ибуль
электрический плед 엘레끄뜨리체스끼이 쁠레뜨	전기담요 джонгидамё
телевизор 쩰레비조르	텔레비젼 теллебиджон
компьютер 꼼뷰떼르	컴퓨터 кхомпьютхо
одежда 오제즈다	옷 от
с коротким рукавом 쓰 꼬롯낌 루까봄	반팔 банпхаль

Часто употребляемая лексика

русский язык произношение по русски	корейский язык произношение по корейски
пижама 삐자마	잠옷 джамот
зонт 존뜨	우산 усан
брюки 브류끼	바지 баджи
джинсы 드진스	청바지 чонбаджи
носовой платок носовой ппляттëк	손수건 сонсугон
полотенце/банное полотенце ппольччентхе/ панное ппольччентхе	수건/타올 сугон/тхаоль
сувенир сувенир	기념품 гинёмпхум
подарок ппадарок	선물 сонмуль
кроссовки ккросовкки	운동화 ундонхва
обувь обуби	신발 щинбаль
носки ноцкки	양말 янмаль
колготки кколгоккки	스타킹 сытхакин
шляпа щляппа	모자 моджа

русский язык произношение по русски	корейский язык произношение по корейски
духи 두히	향수 хянсу
подушка 뽀두쉬까	배개 беге
зеркало 제르깔로	거울 гоуль
зубная паста 주브나야 빠스따	치약 чияк
зубная щётка 주브나야 쇼뜨까	칫솔 читсоль
сигареты 시가레뜨	담배 дамбе
зажигалка 자지갈까	라이타 раитха
очки 오츠끼	안경 ангён
фотоаппарат 포또아빠랏	카메라/사진기 кхамера саджинги
плёнка 쁠룐까	필름 пхильлым
часы 차스	시계 щиге
скотч 스꼬트츠	테이프 тхеипхы
электроприбор 엘레끄뜨로 쁘리보르	전자제품 джонджа джепхум

Часто употребляемая лексика

русский язык произношение по русски	корейский язык произношение по корейски
бытовой электроприбор бьтовой элеккторрибор	가전제품 гаджон джепхум
керамика керамика	도자기 доджаги
диск дискко	씨디 щида
холодильник холодильникко	냉장고 ненджанго
стиральная машина сстиралная машина	세탁기 сэтхакги
напиток наппитток	음료수 ымнёсу
спиртное(соджу) сспиртноэ(соджу)	수(소주) суль(соджу)
пиво пибо	맥주 мекджу
кольцо кольчо	반지 банджи
цепочка чеппотчка	목걸이 моккори
металл метталь	쇠 све
бронза бронджа	동 дон
золото джолотто	금 гым

русский язык произношение по русски	корейский язык произношение по корейски
серебро серебро	은 ын
отечественный товар оччечесстдвенной тобар	국산품 гуксанпхум
телефонный аппарат ттелефоннои аппаратт	전화기 джонхваги
сотовый телефон соттовой ттелефон	핸드폰 хендыпхон
стул сттул	의자 ыйджа
письменный стол писсменной сттол	책상 чексан
утюг утчук	다리미 дарими
кондиционер ккондиционерр	에어컨 еокхон
химчистка химчиссттка	세탁소 сэтхаксо

▸ Это утюг.
  에또 우쭉.
  이것은 다리미예요.
  Игосын даримиэё.

Часто употребляемая лексика

▸ **Дома есть шкаф, стул, письменный стол.**
도마 예쓰찌 쉬까프, 쓰똘, 삐쉬멘느이 쓰똘.
집안에 옷장, 의자, 책상이 있어요.
Джибане оттян, ыйджа, чексани иссоё.

▸ **Пользуйтесь сотовым телефоном.**
뽈주이쩨씨 쏘또븜 쩰레포놈.
핸드폰 쓰세요.
Хендыпхон иссоё.

XIV. 욕실용품(Принадлежности для ванной)

русский язык произношение по русски	корейский язык произношение по корейски
ванна 반나	욕조 ёкджо
полотенце 뽈로쩬체	타올/수건 тхаоль
тазик 따직	세수대야 сэсудэя
стиральная машина 스찌랄나야 마쉬나	세탁기 сэтхакки
унитаз 우니따즈	변기 бёнги
зубная паста 주브나야 빠스따	치약 чияк
зубная щётка 주브나야 쇼뜨까	칫솔 чисоль

русский язык произношение по русски	корейский язык произношение по корейски
стиральный порошок сщиральнои ппороспок	가루비누 гарубину
шампунь щямппни	샴푸 щямпху
бритва бриттба	면도기 мёндоги
туалетная бумага ттуалеттная бумага	화장지 хваджанджи
душ души	샤워기 щявоги
ополаскиватель оппорасккиппащел	린스 ринсы
раковина раккобина	세면대 сэмёндэ
дез. средство дез сыредсыттбо	락스 рагсы
мыло мыло	비누 бину
мочалка мочалкка	때밀이 수건 тэмирисугон
средство для умывания сыредсыттбо тыля умыбания	폼 크린징 пхом кхыренджин
туалетна бумага ттуалеттная бумага	화장지 хваджанджи

Часто употребляемая лексика

▸ **Купите туалетную бумагу.**
꾸삐쩨 뚜알레뜨누유 부마구.
화장지 사세요.
Хваджанджи сасеё.

▸ **Зубная паста ещё есть?**
주브나야 빠쓰따 예쇼 예쓰찌?
치약은 아직 있죠?
Чиягын аджик иссоё?

▸ **Мою голову шампунем.**
모유 골로부 샴뿌넴.
샴푸로 머리 감아요.
Щямпхуро мори гамаё.

XV. 화장품 (Косметика)

русский язык произношение по русски	корейский язык произношение по корейски
тоник 또닉	스킨 сыкхин
лосьон 로시온	로션 рощён
крем для массажа 끄렘 들랴 맛사자	마사지크림 масаджи кхырим
питательный крем 삐따쩰느이 끄렘	영양크림 йёнян кхырим
губная помада 구브나야 뽀마다	립스틱 рипсытхик

русский язык произношение по русски	корейский язык произношение по корейски
лак для ногтей 라끄 들랴 노그쩨이	매니큐어 мэникхюо
тени 쩨니	섀도우 щедоу
брасматик 브라스마찍	마스카라 масыкхара
пудра 뿌드라	파운데이션 пхаундэищён
основа для макияжа 오스노바 들랴 마끼야자	메이컵베이스 мэикхопбеисы
духи 두히	향수 хянсу
эссенция 엣센치야	에센스 эсенсы
крем для снятия макияжа 끄렘 들랴 스냐찌야 마끼야자	크린징 크림 кхыренджин кхырим
подводка для глаз 뽀드봇까 들랴 글라즈	아이라인 аираин
щипцы 치쁘츠	쪽집게 тёкджипке
румяна 루먀나	볼터치 больтхочи
лак 라끄	스프레이 сыпхыреи
вакса 왁사	왁스 ваксы

Часто употребляемая лексика

русский язык произношение по русски	корейский язык произношение по корейски
солнцезащитный крем 솔느체자쉬뜨느이 끄렘	썬크림 сонкхырим
карандаш 까란다쉬	펜슬 пхенсыл
косметика 꼬스메찌까	화장품 хваджанпхум
крем для глаз 끄렘 듈랴 글라즈	아이크림 аикхырим

▸ Не пользуюсь косметикой
　네　뽈주유쉬　　꼬쓰메찌꼬이.
　화장품을 쓰지 않아요.
　Хваджанпхумыль сыджи анхаё.

▸ Пользуйтесь каждый день тоником и лосьоном.
　뽈주이쩨쉬　　까즈드이　덴　또니꼼　　이로쉬오놈.
　매일 스키과 로션을 쓰세요.
　Меиль сыкхингва рощёныль сысэё.

▸ Аккуратно накрасила помаду.
　아꾸랏노　　나끄라쉴라　　뽀마두.
　립스틱을 잘 발랐어요.
　Рипсытхигыль джаль баллассоё.

XVI. 아이용품 (Детские принадлежности)

русский язык произношение по русски	корейский язык произношение по корейски
прокладки 쁘로끌린끼	생리대 сэнридэ
хлопчатобумажные подгузники 흘로쁘차또부마즈느예 쁘구즈니끼	면귀저기 мёнгви джоги
бутылочка для молока 부뜰로츠까 들랴 몰로까	젖병 джотбён
одежда для младенца 오제즈다 들랴 믈라덴차	간난이옷 ганнанаиот
рукавички для младенца 루까비치끼 들랴 믈라덴차	손싸기 сонсаги
носки 노스끼	양말 янмаль
шапочка 샤쁘츠까	모자 моджа
детская обувь 데뜨스까야 오부비	아기 신발 аги щинбаль
коляска 꼴랴스까	유모차 юмоча
игрушка 이그루쉬까	장난감 джаннанкам
фартук 파루뚝	턱받이 тхокбачи
носовой платок 노소보이 쁠라똑	손수건 сонсугон

Часто употребляемая лексика

русский язык произношение по русски	корейский язык произношение по корейски
порошок ппоросок	파우더 пхаудо
детское мыло детскоэ мыло	유아비누 юабину
детский шампунь детский шампуни	아기 샴푸 аги щямпху
детские принадлежности детскиэ принадлежноссчи	유아용품 юаёнпхум
детское питание детскоэ питаниэ	이유식 июшик

▸ **Поменяйте подгузник нашему ребёнку.**
   ппоменаийче   пподгузник   нащему   ребонкку.
   우리아기 귀저기 갈아 주세요.
   Ури аги гвиджоги гара джусэё.

▸ **Обуйте ребёнка.**
   обуичче   ребонкка.
   아이 신발을 신겨 주세요.
   Аи щинбарыль щинкё джусэё.

▸ **Купите игрушку нашему ребёнку.**
   кппиччэ   игрушкку   нащему   ребонкку.
   우리아이 장난감을 사주세요.
   Уриаи джаннанкамыль саджусэё.

제3부 유용한 대화들
Полезные диалоги

- **A. 현지(러시아)에서 유용한 대화**

  제1과 처음 만날 때
  제2과 데이트 및 신혼 첫날 밤 대화
  제3과 결혼식 때 대화
  제4과 식당에서 대화
  제5과 이동시 대화
  제6과 호텔에서 대화

- **B. 한국에서 유용한 대화**

  제1과 신부가 입국(공항에서)
  제2과 신부가 시집 왔을 때
  제3과 남편이 일하러 갈 때(갔다 올 때)
  제4과 인사
  제5과 질문과 대답/ Ⅰ. 질문: Ⅱ. 대답
  제6과 감사, 사과
  제7과 부탁, 권유
  제8과 전화걸기와 받기
  제9과 가격
  제10과 물건사기
   Ⅰ. 쇼핑할 때 필요한 대화
   Ⅱ. 남편과 아내가 함께 쇼핑하러 갈 때
  제11과 식사
   Ⅰ. 집에서 가족과 함께 밥을 먹을 때
   Ⅰ-1. 밥상에서 먹기 전에 하는 말
   Ⅰ-2. 밥을 먹는 중에 부부가 할 수 있는 대화들
   Ⅰ-3. 밥을 먹은 후에 하는 말
   Ⅱ. 부부가 외식할 때
  제12과 몸, 병, 치료
   Ⅰ. 신체
   Ⅱ. 아플 때
   Ⅲ. 약국에서
   Ⅳ. 병원에서
   Ⅴ. 아내가 임신할 때
   Ⅴ-1. 임신한 것 같은 느낌이 들 때
   Ⅴ-2. 산부인과에 갔을 때
  제13과 교통
  제14과 남편이 늦게 집에 오니까 아내가 삐질 때

 현지(러시아)에서 유용한 대화들

Полезные диалоги в России

제1과 처음 만날 때 (Первая встреча)

수미: 안녕하십니까?
Суми: Аннёнхащимника?

따냐: 안녕하십니까?
Таня: Аннёнхащимника?

수미: 이름이 무엇입니까?
Суми: Ирыми муощимника?

따냐: 따찌아나입니다.
Таня: Татьянаимнида.

수미: 어디에서 왔습니까?
Суми: Одысо вассымника?

따냐: 러시아에서 왔습니다.
Таня: Рощиаэсо вассымнида.

Суми: Здравствуйте!
수미: 즈드라스뜨부이쩨!

Татьяна: Здравствуйте!
따띠아나: 즈드라스뜨부이쩨!

Суми: Как Вас зовут?
수미: 깍 와쓰 조붓?

Татьяна: Меня зовут Татьяна.
따띠아나: 메냐 조부뜨 따띠아나.

Суми: Откуда Вы приехали?
수미: 옷꾸다 브 쁘리예할리?

Татьяна: Я приехала из России.
따띠아나: 야 쁘리예할라 이즈 로씨이.

▶ Здравствуйте!
즈드라스뜨부이쩨!
안녕하세요?
Аннёнхасэё?

Полезные диалоги

▸ Привет!
쁘리베뜨!
안녕!
Аннён!

▸ До свидания!
도 스비다니야!)
안녕히 가세요!
Аннёнхигасэё!

▸ Приятно познакомиться.
쁘리야뜨노 쁘즈나꼬미쨔.
처음 뵙겠습니다.
Чхоым бебкессымнида.

▸ Рад встрече.
라드 브쓰뜨레체.
만나서 반갑습니다.
Маннасо бангапсымнида.

▸ Как Вас зовут?
깍 와쓰 조부뜨?
이름이 무엇입니까(이에요)?
Ирыми муощимника(щиэё)?

▸ Меня зовут _____.
메냐 조붓 ____.
제 이름은 ____입니다(이에요).
Дже ирымын____имнида(иэё).

▸ Сколько Вам лет?
쓰꼴꼬 왐 렛?
몇 살입니까(이에요)?
Мёт сальимника(иэё)?

▸ Двадцать лет.
   드바드차찌   렛.
   스무살입니다(이에요).
   Сымусальимнида(иэё).

▸ Хорошо, ещё увидимся.
   호로쇼,   예쇼 우위딤싸.
   네 또 뵙겠습니다.
   Нэ, то бепкессымнида.

▸ Давайте ещё встретимся в другой раз.
   다와이쩨   예쇼 브스뜨레찜샤   브 드루고이   라즈.
   (다음에)또 만납시다(봐요).
   Даыме то маннапщида(баё).

▸ Сколько в семье человек?
   쓰꼴꼬   브 세미예   첼로왝?
   가족이 몇 명입니까(명 이에요)?
   Гаджоги мёт мёнимника(мёниэё)?

▸ Кем Вы работаете?
   껨   브   라보따예쩨?
   당신의 직업은 무엇입니까(이에요)?
   Данщиный джигобын муощимника(иэё)?

▸ Почему Вы хотите зарегистрировать брак с
   뽀체무   브   호찌쩨   짜레기스뜨리로와찌   브락 쓰
   гражданином(кой) Республики Корея?
   그라즈다니놈(꼬이)   레스뿌블리끼   꼬레야?
   왜 한국 사람하고 결혼 하려고 합니까(해요)?
   Ве хангук сарамхаго гёрхон харёго хамника(хеё)?

Полезные диалоги

▸ **Что Вы закончили?**
츠또 브 자꼰칠리?
학교는 어디 나왔습니까(나왔어요)?
Хаккёнын оды навассымника(навассоё)?

▸ **Я закончил(а) начальную школу, среднюю школу,**
야 자꼰칠(라)   나찰누유   쉬꼴루   스레드뉴유   쉬꼴루,

высшую школу, институт.
브스수유   쉬쓸구,   인스찌뚯.
초등학교(중학교, 고등학교, 대학교)를 졸업했습니다(했어요).
Чодынхаккё(джунхаккё, годынхаккё, дэхаккё) рыль джоропхессымнида(хессоё).

▸ **Вы живёте вместе с родителями?**
브 지뵤쩨   브메쓰쩨 쓰 로디쩰랴미?
부모님과 함께 삽니까(사나요)?
Бумонимгва хамке самника(санаё)?

▸ **Где Ваша родина?**
그졔 와샤   родина?
고향이 어디입니까(어디예요)?
Гохяни одыимника(одыэё)?

제2과 데이트 및 신혼 첫날 밤 대화
(Свидания и диалоги в первую брачную ночь)

▸ **Мужчина: Я тебя люблю.**
            я ́ тебя   люблю́.
남성: 나는 당신을 사랑 합니다.
Нанын данщиныль саранхамнида.

- Женщина: Я тебя люблю.
  야 쩨바   류블류.
  여성: 나는 당신을 사랑 합니다.
  Нанын данщиныль саранхамнида.

- Вернувшись в Корею я буду скучать по тебе.
  베르누브쉬씨   브 꼬레유   야 부두   쓰꾸차찌   뽀 쩨베.
  한국으로 돌아가면 당신 보고 싶을 것입니다(거예요).
  Хангугыро дорагамён данщиныль бого щипхыль гощимнида(гоэё).

- Кушайте.
  꾸샤이쩨.
  식사 하십시오(하세요).
  Щикса хащипщиё(хасэё).

- Российский шашлык вкусное блюдо.
  러씨이쓰끼이   샤슬릭   브꾸쓰노예   블류도.
  러시아의 샤슬릭이 맛있습니다(맛있어요).
  Рощиа щясыллыги мащиссымнида(мащиссоё).

- Где столовая?
  그졔   쓰똘로와야?
  식당이 어디 있습니까(있어요)?
  Щиктани оды иссымника(иссоё)?

- Сейчас очень жарко.
  세이차쓰   오첸   자르꼬.
  지금은 너무 덥습니다(더워요).
  Джигымын ному допсымнида(довоё).

- Включите пожалуйста кондиционер.
  브끌류치쩨   보잘루이쓰따   꼰디치오네르.
  에어컨 좀 켜주십시오(주세요).
  Эокхон джом кхёджущипщиё(джусэё).

Полезные диалоги

- Сначала Вы садитесь.
  쓰나찰라   브 싸디쩨쉬.
  먼저 타십시오(타세요).
  Монджо тхащипщиё(тхасэё).

- Сначала Вы.
  쓰나찰라   브.
  당신 먼저 하십시오(하세요).
  Даншин монджо хащипщиё(хасэё).

- Примите душ.
  쁘리미쩨   두쉬.
  샤워하세요(씻어세요).
  Щявохасэё(Щисысэё).

- Выключите свет.
  븍류치쩨   스웻.
  불 꺼 주십시오(주세요).
  Буль коджущипщиё(джусэё).

- Закройте дверь на замок.
  작로이쩨   드웨리   나 자목.
  문을 잠가 주십시오(주세요).
  Муныль джамга джущипщиё(джусэё).

- Снимите одежду.
  쓰니미쩨   오데즈두.
  옷 벗으세요.
  От босысэё.

- Чувствуйте себя удобно.
  추브쓰뜨부이쩨   쎄뱌 우돕노.
  편안히 계십시오(계세요).
  Пхёнанхи гещипщиё(Гесэё).

- **Ложитесь рядом.**
  로지쩨쉬   랴돔.
  옆에 누우세요.
  Ёпхе нуусэё.

- **Положите голову на мою руку.**
  쁠로지쩨   골로부   나   모유   루꾸.
  제 팔을 베고 누우세요.
  Дже пхарыль бего нуусэё.

- **Сегодня я очень устал(а).**
  쎄곤냐   야 오첸   우쓰딸(라).
  오늘은 제 몸이 많이 피곤합니다(해요).
  Онырын дже моми мани пхигонхамнида(хэё).

- **Я хочу спать.**
  야 호추   쓰빠찌.
  잠자고 싶습니다(싶어요).
  Джам джагощипхсымнида(щипхоё).

- **Сегодня у меня месячные.**
  쎄곤냐   우 메냐   메싸츠느예.
  오늘은 생리 날입니다(이예요).
  Онырын сенри наримнида(иэё).

- **Где полотенце?**
  그제   쁠로쩬쳬?
  타월(수건) 어디있습니까(있어요)?
  Тхаволь(сугон) одыиссымника(иссоё)?

- **Свет не включился.**
  쓰웻   녜   브끌류칠샤.
  불이 안 들어 왔습니다(왔어요).
  Бури ан дыровассымнида(вассоё).

Полезные диалоги

▸ Душ сломался.
   두쉬   쏠로말샤.
   샤워기가 고장 났습니다(났어요).
   Щявогига годян нассымнида(нассоё).

▸ Унитаз сломался.
   우니따즈   쏠로말샤.
   변기가 고장 났습니다(났어요).
   Бёнгига годян нассымнида(нассоё).

▸ Может мы займёмся любовью завтра?
   모젯   므   자이몸샤   류보비유   자브뜨라?
   내일 사랑을 나누면 어때요?
   Нэиль сараныль нанумён оттэё?

▸ Нету зубной щётки, пасты и бритвы.
   녜뚜   줍노이   슛끼,   빠쓰뜨   이 브릿브.
   칫솔과 치약 그리고 면도기가 없어요.
   Читсольгва чияг гыриго мёндогига опсоё.

제3과 결혼식 때 대화
(Диалоги во время церемонии бракосочетания)

▸ Дорогие родители, спасибо.
   도로기예   로디쩰리,   쓰빠시보.
   부모님 감사합니다.
   Бумоним гамсахамнида.

▸ Примите наш поклон.
쁘리미쩨   나쉬   쁘끌론.
저희 절 받으십시오(받으세요).
Джохи джоль бадыщипщиё(бадысэё).

▸ По возвращению в Корею мы будем счастливо жить.
뽀   워즈브라쉐니유   브 꼬레유   므   부뎀   쓰차쓰뜰리보   지찌.
한국에 돌아가면 행복하게 잘 살겠습니다.
Хангуге дорагамён хенбокхаге джаль сальгессымнида.

▸ Сильно не переживайте.
씰노   네   뻬레지와이쩨.
너무 걱정하지 마십시오(마세요).
Ному гокджонхаджи мащипщиё(масэё).

▸ Будем часто Вам звонить.
부뎀   차쓰또   왐   즈보니찌.
자주 연락드리겠습니다.
Джаджу ёнлакдыригессымнида.

▸ Это приготовленный для Вас подарок из Кореи.
에또   쁘리고또블렌느이   들랴 와쓰   쁘다록   이즈 꼬레이.
이것은 한국에서 준비한 선물입니다.
Игосын хангугесо джунбихан сонмуримнида.

▸ Это от всей души, пожалуйста примите.
에또   옷 브세이 두쉬,   쁘잘루스따   쁘리미쩨.
제 성의이니까 받아 주십시오(주세요).
Дже соныйиника бададжущипщиё(джусэё).

▸ Спасибо, что пришли на нашу свадьбу несмотря на занятость.
쓰빠씨보,   츠또 쁘리쉴리   나 나슈   스바디부.
바쁘신데 저희 결혼식에 와 주셔서 감사 합니다.
Бапыщиндэ джохи гёрхонщиге ва джущёсо гамсахамнида.

Полезные диалоги

제4과 식당에서 대화 (Диалог в столовой)

▸ Добро пожаловать.
돕로 뽀잘로와찌.
어서 오십시오(어서오세요).
Осо ощипщиё(Осо осёё).

▸ Здесь примите заказ!
즈데씨 쁘리미쩨 자까즈!
여기요! 주문받으세요.
Йёгиё! Джумун бадысёэ.

▸ Будете заказывать?
부데쩨 자까즈와?
주문하시겠어요?
Джумун хащигессоё?

▸ Что будете кушать?
츠또 부데쩨 꾸샤찌?
무엇을 드시겠어요?
Муосыль дыщигессоё?

▸ Дайте рисовую кашу.
다이쩨 리소부유 까슈.
밥을 주세요.
Бабыль джусёэ.

▸ Дайте хлеб и суп.
다이쩨 흘렙 이 쑵.
빵과 스프 주세요.
Пангва сыпхы джусёэ.

- Что будем пить?
  츠또 부뎀 삐찌?
  음료수는 무엇으로 할까요?
  Ымнёсунын муосыль халькаё?

- Дайте воды.
  다이쩨 워드.
  물 주세요.
  Муль джусэё.

- Сейчас голоден.
  세이차스 골로덴.
  지금 배 고파요.
  Джигым бе гопхаё.

- Дайте чашечку кофе.
  다이쩨 차쉐츠꾸 꼬페.
  커피 한잔 주세요.
  Кхопхи ханджан джусэё.

- Дайте ложку.
  다이쩨 로즈꾸.
  수저 주십시오(주세요).
  Суджо джущипщиё.

- Дайте салфетку.
  다이쩨 살펫꾸.
  화장지 주십시오(주세요).
  Хваджанджи джущипщиё.

- Дайте зубочистку.
  다이쩨 주보치스뜨꾸.
  이쑤시게 주십시오(주세요).
  Исущиге джущипщиё(джусэё).

Полезные диалоги

▸ Вытрите рот.
   브뜨리쩨   롯.
   입 주위를 닦으세요.
   Иб джувирыль такысэё.

▸ Дайте чашечку чая.
   다이쩨   차쉐츠꾸   차야.
   차 한잔 주십시오(주세요).
   Чха ханджан джущипщиё(джусэё).

▸ Где туалет?
   그제   뚜알렛?
   화장실이 어디있습니까(예요)?
   Хваджанщири оды иссымника(одыэё)?

▸ Что будете на десерт?
   츠또   부데쩨   나 데세르뜨?
   디저트는 무엇으로 하시겠어요?
   Диджотхынын муосыро хащигессоё?

▸ Рассчитывайтесь каждый сам за себя.
   라스치뜨바이쩨씨   까즈드이   삼   자 세뱌.
   계산은 각자가 부담하십시오(하세요).
   Гесанын гакджага будамхащипщиё(хасэё).

▸ Сдачи не надо.
   스다치   네 나도.
   잔돈(거스름돈)은 가지십시오(가지세요).
   Джандон(госырымдон)ын гаджищипщиё(гаджисэё).

▸ Я расплачюсь.
   야 라스쁠라추시.
   제가 내겠습니다(낼께요).
   Джега нэгессымнида(нэлькеё).

▸ Больше ничего не надо?
  볼쉐   니체고   네 나도
  더 필요한 것 없으십니까(없으세요)?
  До пхирёхан гот опсымника(опсысэё)?

제5과 이동시 대화
(Диалог во время передвижения)

▸ Извините. Это мы где?
  이즈비니쩨.   에또 므 그제?
  실례합니다. 여기가 어디시죠?
  Щиллехамнида. Йогига одыщиджиё?

▸ Вы потеряли дорогу?
  브   쁘쩨랼리   도로구?
  길을 잃었습니까(잃었어요)?
  Гирыль ирхоссымника(ирхоссоё)?

▸ Как добраться до этой гостиницы?
  깍   도브라쩨샤   도   에또이 고스쩨니츠?
  이 호텔까지 어떻게 갑니까(가나요)?
  И хотелькаджи отокхе гамника(ганаё)?

▸ Извините. Я тоже здесь впервые.
  이즈비니쩨.   야 또제   즈데씨   브뻬르브예.
  죄송합니다. 저도 여기가 처음입니다.
  Джесонхамнида. Джодо йогига чоымимнида.

Полезные диалоги

▸ Идите по этой дороге.
이디쩨   뽀   에또이 도로게.
이 길을 따라 가세요.
И гирыль тарагасэё.

제6과 호텔에서 대화 (Диалог в гостинице)

▸ Есть свободный номер?
예쓰찌 스워보드느이   노메르?
방(룸) 있습니까(있어요)?
Бан(рум) иссымника(иссоё)?

▸ Я хочу забронировать номер.
야 호추   자브로니로와찌   노메르.
방을 예약하고 싶습니다(싶은데요?.
Баныль йеякхаго щипхсымнида(щипхындэё)?

▸ Какой Вам номер?
까꼬이   왐   노메르?
어떤 방을 드릴까요?
Отон баныль дырилькаё?

▸ Дайте один одноместный номер.
다이쩨   오딘   오드노메스뜨느이   노메르.
싱글 룸 하나 주십시오(주세요).
Сингыл рум хана джущипщиё(джусэё).

▸ Сколько стоит номер за один день?
쓰꼴꼬   쓰또잇 노메르 자 오딘 덴?
하루 방 값 얼마입니까(얼마예요)?
Хару бан кап ольмаимника(ольмаэё)?

- Предоплата.
  쁘레드오쁠라따.
  선불입니다(이에요).
  Сонбульимнида(иэё).

- На сколько дней остановитесь?
  나 쓰꼴꼬 드네이 오쓰따노비쩨씨?
  며칠 동안 묵을 것입니까(거예요)?
  Мёчиль тонан мугыль гощимника(гоэё)?

- Планирую остановиться на 7 дней.
  쁠라니루유 오쓰따노비쨔샤 나 쌤 드네이.
  7일 동안 묵을 예정입니다.
  Чириль тонан мукыль йеджонимнида.

- Какой номер комнаты?
  까꼬이 노메르 꼼나뜨?
  몇 호실입니까(이에요)?
  Мёт хощильимника(иэё)?

- Поднимите пожалуйста мой багаж.
  뽇니미쩨 뽀잘루이쓰따 모이 바가즈.
  짐 좀 올려 주십시오(주세요).
  Джим джом оллёджущипщиё.

- Спустите мой багаж пожалуйста.
  쓰뿌쓰찌쩨 모이 바가지 뽀잘루이쓰따.
  짐 좀 내려 주십시오(주세요).
  Джим джом нэрёджущипщиё(джусэё).

- Я хочу вернуть номер обратно.
  야 하추 베르누쯔 노메르 오브랏노.
  방을 반납하고 싶습니다(싶어요).
  Баныль баннап хаго щипхсымнида(щипхоё).

Полезные диалоги

▸ Завтрак включён?
자브뜨락   브끌류촌?
아침 식사도 포함됩니까(되나요)?
Ачим щиксадо пхохамдвемника(двенаё)?

▸ Вот Ваш счёт.
웟   와쉬   쓰촛.
여기 계산서예요.
Йоги гесансоэё.

▸ Можно обменять валюту?
모즈노   오브메냐찌   왈류뚜?
환전 됩니까(돼요)?
Хванджон двемника(двеё)?

▸ Если позвонят позовите меня.
예슬리   쁘즈워낫   쁘조위쩨   메냐.
전화 오면 바꿔주십시오(주세요).
Джонхва омён бакоджущипщиё.

▸ Разбудите меня завтра в 8 часов утра.
라즈부디쩨   메냐   자브뜨라   브 워쎔 차소프 우뜨라.
내일 8시에 깨워 주십시오(주세요).
Нэиль ёдоль щие кеводжущипщиё(джусэё).

▸ Вызовите такси.
브조위쩨   딱씨.
택시 불러 주십시오(주세요).
Тхэкщи бульлоджущипщиё(джусэё).

▸ Здесь можно стирать?
즈데시   모즈노   쓰찌라찌?
여기서 세탁이 됩니까(돼요)?
Ёгисо сэтхаги двемника(двеё)?

- Сколько стоит стиральный порошок?
  _{쓰꼴꼬 쓰또잇 쓰찌랄느이 쁘로속?}
  세탁비누는 얼마입니까(얼마예요)?
  Сэтхакбинунын ольмаимника(ольмаэё)?

- Где ключ от моего номера?
  _{그제 끌류츠 옷 모예고 노메라?}
  제 방 키(열쇠)는 어디 있습니까(있나요)?
  Дже бан кхи(ёльсэ)нын оды иссымника(иннаё)?

- Я потерял ключ от номера.
  _{야 쁘쩨랼 끌류츠 옷 노메라.}
  제가 방 키(열쇠)를 잃어 버렸습니다(버렷어요).
  Джега бан кхи(ёльсэ)рыль ирхоборёссымнида(борёссоё).

- Можно заказать еду?
  _{모즈노 자까자찌 예두?}
  식사 주문도 됩니까(돼요)?
  Щикса джумундо двемника(двеё)?

Полезные диалоги

 # 한국에서 유용한 대화들

Полезные диалоги в Корее

제1과 신부가 입국(공항에서)
(Приезд невесты(в аэропорту))

▸ Покажите паспорт.
   뽀까지쩨   빠스뽀르뜨.
   여권 보여 주십시오(주세요).
   Ёквон боёджущипщиё(джусэё).

▸ Покажите авиабилет.
   뽀까지쩨   아위아빌렛.
   티켓 보여 주십시오(주세요).
   Тхикхет боё джущипщиё(джусэё).

▸ Вот паспорт и билет.
   욋   빠스뽀르뜨   이 빌렛.
   여권과 티켓이 여기 있습니다(있어요).
   Ёквонгва тхикхещи ёги иссымнида(иссоё).

▸ Цель приезда в Корею?
   쩰   쁘리예즈다   브 꼬레유?
   한국에 오신 이유가 무엇입니까(뭐에요)?
   Хангуге ощин июга муощимника(моэё)?

▸ **Я в браке с гражданином Кореи.**
  야 브 브라께   쓰 그라즈다니놈   꼬레이.
  한국 사람과 결혼 했습니다(했어요).
  Хангук сарамгва гёрхон хессымнида(хессоё).

▸ **Как заполнять иммиграционную карту?**
  깍   자뽈냐째   임미그라치온누유   까르뚜?
  출입국 카드는 어떻게 작성 합니까(하나요)?
  Чурипгук кхадынын отокхе джаксонхамника(ханаё)?

▸ **Где получать багаж?**
  그제   쁠루차찌   바가즈?
  짐은 어디서 찾습니까(찾나요)?
  Джимын одысо чассымника(чаннаё)?

▸ **Я потеряла багаж.**
  야   뽀쩨랼라   바가즈.
  가방을 잃어 버렸습니다(버렸어요).
  Габаныль ирхоборёссымнида(борёссоё).

▸ **Не переживайте. Найдем Ваш багаж.**
  네   뻬레지와이쩨.   나이돔   와쉬   바가즈.
  걱정하지 마십시오(마세요. 가방을 찾아드리겠어요).
  Гоктёнхаджи мащипщиё
  (масэё. Габаныль чаджадыригессоё).

▸ **На какой выход надо идти?**
  나   까꼬이   브혼   나도   이드찌?
  몇 번 출구로 가야 합니까(하나요)?
  Мёт бон чульгуро гая хамника(ханаё)?

Полезные диалоги

제2과 신부가 시집 왔을 때
(Невеста в доме мужа)

- Здравствуйте, родители.
  즈드라브수뜨부이쩨,   로디쩰리.
  부모님 안녕 하세요.
  Бумоним аннёнхасэё.

- Будьте здоровы, родители.
  부디쩨   즈도로브,   로디쩰리.
  부모님 건강 하세요.
  Бумоним гонганхсэё.

- Приятно встретиться с родителями и родственниками.
  쁘리얏노   브스뜨레찟샤   쓰 로디쩰라미   이 로드쓰뜨벤니까미.
  부모님과 친척 뵙게 되어서 반갑습니다.
  Бумонимгва чинчок бебке двеосо бангапсымнида.

- Я ещё плохо говорю по корейски.
  야 예쇼   쁠로호   고워류   뽀 꼬레이쓰끼.
  한국말은 아직 잘 못합니다(못해요).
  Хангукмарыль аджик джаль мотхамнида(мотхеё).

- Пока ещё не могу кушать корейские блюда.
  뽀까   예쇼 녜 모구   꾸샤찌   꼬레이쓰끼예   블류다.
  한국음식을 아직 잘 못 먹습니다(먹어요).
  Хангукымщигыль аджик джаль мотмоксымнида(могоё).

- Мама, научите меня говорить по корейски и готовить
  마마,   나우치쩨   메냐   고워리찌   뽀 꼬레이쓰끼   이 고또위찌
  корейские блюда.
  꼬레이쓰끼예   블류다.

어머님 한국말과 음식요리 가르쳐 주십시오(주세요).
Омоним хангукмальгва ымщикёри
гарычёджущипщиё(джусэё).

- Прошу всех членов семьи любить и жаловать меня.
  쁘로슈   브세흐 츌레노프 세미이   류비찌   이 잘로와찌   메나.
  가족 모두 저를 사랑해 주세요.
  Гаджок моду джорыль саранхеджусэё.

- Это подарок для ~ привезенный с родины.
  에또 뽀다록   들랴 ~ 쁘리왜죤느이   쓰 로디느.
  ~에게 드리려고 고향에서 가져온 선물입니다.
  ~эге дырирёго гохянэсо гаджёон сонмуримнида.

- Во сколько надо вставать?
  워   쓰꼴꼬   나도   브쓰따와찌?
  몇 시에 일어나야 합니까(하나요)?
  Мёт щие ороная хамника(ханаё)?

- Так как международные звонки дорогие много звонить
  딱 깍   메즈두나로드느예   즈원끼   도로기예   므노고   즈워니찌
  не буду.
  녜 부두.
  국제전화 비싸니 전화 많이 안 하겠어요.
  Гукджедёнхва биссани джонхва мани ан хагессоё.

- Купите карту для международных звонков.
  꾸삐쩨   까르뚜 들랴 메즈두나로드느흐   즈원꼬프.
  국제전화 카드 사주세요.
  Гукджедёнхва кхады саджусэё.

Полезные диалоги

제3과 남편이 일하러 갈 때(갔다 올 때)
(Когда муж идет на работу(приходит с работы))

- Счастливого рабочего дня!
  쓰차쓰뜰리워고   라보체고   드냐!
  다녀 오세요(오십시오)!
  Данёосэё(ощипщиё))!

- Вернулся с работы?
  웨르눌샤   쓰 라보뜨?
  다녀 오셨어요?
  Данёощёссоё)?

- О, сходил на работу.
  어, 쓰호딜   나 라보뚜.
  어, 갔다 왔어요.
  О, гатта вассоё.

- Сильно тяжело было?
  씰노   쨔젤로   블로?
  많이 힘드셨죠?
  Мани химдыщёттиё)?

- Ничего, вернулся домой увидел тебя и всё очень
  니체고,   웨르눌샤   도모이   우위델   쩨뱌   이 브쇼 오첸
  хорошо.
  호로쇼.
  괜찮아요, 집에 와서 당신을 보니까 좋아요.
  Гвенчанхаё, джибе васо данщиныль боника джохаё.

- Будете пить что нибудь охлаждённое?
  부데쪠   삐찌   츠또   니부디   오흐라즈돈노예?
  시원한 것 좀 드실래요?
  Щивонхангот джом дыщиллеё?

- Спасибо, дайте пожалуйста холодной воды.
  쓰빠시보,   다이쪠   뽀잘루이쓰따   홀로드노이   워드.
  고마워요, 시원한 물 좀 주세요.
  Гомавоё, щивонханмуль джом джусэё.

- Ужин готов.
  우진   고또브.
  저녁 준비 다 됐어요.
  Джонёк джунби да двессоё.

- Примите душ и будем вместе ужинать.
  쁘리미쪠   두쉬   이 부뎀   브메쓰쩨   우지나찌.
  당신 샤워하고 저녁 같이 드세요.
  Данщин щявохаго джонёк гачи дысэё.

- О, хочу скорее попробовать приготовленное тобой блюдо.
  어, 호추   쓰꼬례예   뽀쁘로보와찌   쁘리고또블렌노예   또보유   블류도.
  어, 당신 만든 음식 빨리 먹고 싶어요.
  О, данщин мандын ымщик палли мокко щипхоё.

제4과 인사 (Приветствие)

- Здравствуйте!
  즈드라브스뜨부이쩨!

Полезные диалоги

안녕 하십니까(안녕하세요)?
Аннёнхащимника(Аннёнхасэё)?

▶ **Рад знакомству.**
라드 즈나꼬므쓰뜨부.
만나서 반갑습니다(반가워요).
Маннасо бангапсымнида(бангавоё).

▶ **Вы из какой страны?**
브 이즈 까꼬이 쓰뜨라느?
어느 나라 사람입니까(이에요)?
Оны нара сарамимника(иэё)?

▶ **Я гражданин(ка) России.**
야 그라즈다닌(까) 러시이.
러시아 사람입니다(이에요).
Рощиасарамимнида(иэё).

▶ **Чем Вы занимаетесь в Корее?**
쳄 브 자니마예쩨쉬 브꼬레예?
한국에서 무슨 일을 합니까(해요)?
Хангугесо мусын ирыль хамника(хеё)?

▶ **Я домохозяйка.**
야 도모호쟈이까.
가정주부입니다(가정주부예요).
Гаджонджубуимнида(гаджонджубуэё).

▶ **Вы приехали одна?**
브 쁘리예할리 오드나?
혼자 왔어요?
Хонджа вассоё?

- Я приехала вместе с мужем.
  야 쁘리예할라   브메쓰쩨   쓰 무젬.
  남편과 같이 왔습니다(왔어요).
  Нампхёнгва гачи вассымнида(вассоё).

- Вы знаете корейский язык?
  브   з나예쩨   꼬레이쓰끼이   야з꼬?
  한국어를 아세요?
  Хангукорыль асэё?

- Сейчас изучаю корейский язык.
  쎄이차쓰   이주차유   꼬레이쓰끼이   야з꼬.
  지금 한국어를 배우고 있습니다(있어요).
  Джигым хангукорыль беуго иссымнида(иссоё).

자주 만나는 사이의 인사
(Приветствие между часто встречающимися людьми)

- Как поживаете?
  깍   쁘지와예쩨?
  요즘 어떻게 지내세요?
  Ёджым отокхе джинэсэё?

- Как здоровье?
  깍   з도로비예?
  건강하세요?
  Гонганхасэё?

- Как семья, здоровы?
  깍   쎄미야,   з도로브?
  가족도 건강하세요?
  Гаджокто гонганхасэё?

Полезные диалоги

▸ Передавайте привет.
  빼레다와이쩨 쁘리웻.
  안부(인사)를 좀 전해주세요.
  Анбу(инса)рыль джом джонхеджусэё.

▸ Спасибо за оказанную помощь.
  쓰빠씨보 자 오까잔누유 뽀모쉬.
  많이 도와 주셔서 감사 합니다.
  Мани доваджущёсо гамсахамнида.

▸ Будет время приходите в гости.
  부젯 브례먀 쁘리호디쩨 브 고쓰찌.
  시간 있으면 놀러 오세요.
  Щиган иссымён, нольлё осэё.

▸ Сильно заняты на работе?
  씰노 자냐뜨 나 라보쩨?
  요즘 회사일 바빠요?
  Ёджым хвесаиль бапаё?

▸ Да так себе.
  다 딱 쎄베.
  그저 그래요.
  Гыджо гыреё.

▸ Если нужна помощь, говорите.
  예슬리 누즈나 뽀모쉬 고워리쩨.
  도움이 필요하시면 말씀하세요.
  Доуми пхирёхащимён мальсымхасэё.

헤어질 때의 인사 (Приветствие при расставании.)

▶ **Мне пора идти.**
므네 뽀라 이드찌.
지금 가야 합니다(해요).
Джигым гая хамнида(хеё).

▶ **Ещё встретимся.**
예쇼 브쓰뜨레찜샤.
또 만나요(또 만납시다).
То маннаё(то маннапщида).

▶ **До свидания.**
도 쓰비다니야.
잘 가요.
Джаль гаё.

▶ **Будьте осторожны.**
부디쩨 오쓰또로즈느.
조심해서 가세요.
Джощимхесо гасэё.

▶ **Счастливо оставаться.**
쓰차쓰뜰리워 오쓰따와찌샤.
잘 지내세요.
Джаль джинесэё.

▶ **Ещё созвонимся.**
예쇼 쏘즈워님샤.
또 연락할께요.
То ёнлагхалькеё.

▶ **До свидания.**
도 쓰위다니야.

Полезные диалоги

안녕히 가세요.
Аннёнхигасэё.
(Остающийся говорит уходящему.)

▸ До свидания.(До свидания)
도 쓰위다니야.
안녕히 계세요.
Аннёнхигесэё.
(Уходящий говорит остающемуся.)

▸ Ещё увидимся.
예쇼 우위딤샤.
또 뵙겠습니다.
То бепкессымнида.

▸ Ну я пойду.
누 야 뽀이두.
가 보겠습니다.
Га богессымнида.

▸ Берегите здоровье.
베레기쩨 즈도로위예.
건강 조심하세요.
Гонган джощимхасэё.

▸ Хорошего дня.
호로쉐고 드냐.
좋은 하루 되세요.
Джохын хару двесэё.

▸ Желаю удачно сходить.
젤라유 우다츠노 쓰호디찌.
잘 갔다 오세요(다녀오세요).
Джаль гаттаосэё(данёосэё).

- Извините, но я пойду.
  이즈위니쩨,   노 야 뽀이두.
  실례하지만 먼저 갈게요.
  Щилледжиман монджо галькеё.

제5과 질문과 대답 (Вопрос - ответ)

I. 질문 (Вопрос)

- Как Вас зовут?
  깍   와쓰 조붓?
  이름이 뭐예요?
  Ирыми моэё?

- Кто это?
  끄또   에또?
  누구예요?
  Нугуэё?

- Чем Вы занимаетесь?
  쳄   브   자니마예쩨쒸?
  무슨 일을 하세요?
  Мусын ирыль хасэё?

- Откуда Вы приехали?
  오뜨꾸다   브   쁘리예할리?
  어디에서 오셨어요?
  Одыэсо ощёссоё?

- Где Вы живёте?
  그제 브   지뵤쩨?
  집은 어디예요?
  Джибын одыэё?

Полезные диалоги

▸ Сколько Вам лет?
쓰꼴꼬   밤   렛?
몇 살이에요?
Мёт сариэё?

▸ Какое сегодня число?
까꼬예   쎄고드냐   치쓸로?
오늘 며칠이에요?
Оныль мёчиризё?

▸ Куда идёте?
꾸다   이됴쩨?
어디에 가요?
Одыэ гаё?

▸ На чём Вы приехали?
나   촘   브   쁘리예할리?
무엇을 타고 오셨어요?
Муосыль тхаго ощёссоё?

▸ Какая сегодня погода?
까까야   쎄고드냐   뽀고다?
오늘 날씨가 어때요?
Оныль нальщига оттэё?

▸ Это что такое?
에또   츠또   따꼬예?
이것은 무엇이에요?
Игосын муощиэё?

▸ Когда поженитесь?
꼬그다   뽀제니쩨쉬?
언제 결혼해요?
Ондже гёрхонхеё?

▸ **Готово?**
  고또워?
  됐어요?
  Двессоё?

▸ **Ну как?**
  누 깍?
  어때요?
  Оттэё?

▸ **Почему?**
  쁘체무?
  왜요?
  Веё?

▸ **Ничего?**
  니체고?
  괜찮아요?
  Гвенчанхаё?

▸ **Правильно?**
  쁘라윌노?
  맞아요?
  Маджаё?

▸ **Нету?**
  네뚜?
  없어요?
  Опсоё?

▸ **Можно кушать?**
  모즈노   꾸샤찌?
  먹어도 돼요?
  Могодо двеё?

Полезные диалоги

- **Есть?**
  예쓰찌?
  있어요?
  Иссоё?

- **Что это?**
  츠또 에또?
  뭐예요?
  Моэё?

- **Вкусно?**
  브꾸쓰노?
  맛 있어요?
  Мащиссоё?

- **Невкусно?**
  녜브꾸쓰노?
  맛 없어요?
  Мат обсоё?

- **Поняли?**
  즈나예쩨?
  알았어요?
  Арассоё?

- **Не знаете?**
  녜 즈나예쩨?
  몰라요?
  Моллаё.

- **Понимаете?**
  뽀니마예쩨?
  이해해요?
  Ихехеё?

▸ **Сейчас заняты?**
씨이차쓰   자냐뜨?
지금 바빠요?
Джигым бапаё?

▸ **Болит?**
볼릿?
아파요?
Апхаё?

▸ **Сильно любите?**
씰노   류비쩨?
많이 사랑해요?
Мани саранхеё?

▸ **Чем помочь?**
쳄   뽀모치?
무엇을 도와 드릴까요?
Муосыль довадырилькаё?

▸ **Разве?**
라즈웨?
그래요?
Гыреё?

▸ **Где Вы сейчас остановились?**
그제 브   쎄이차쓰   오쓰따노윌리쉬?
지금 어디에 계세요?
Джигым одыэ гесэё?

▸ **Чем занимаетесь в последнее время?**
쳄   자니마예쩨쉬   브 뽀쓸레드네예   브레먀?
요즘 뭐 하세요?
Ёджым мо хасэё?

Полезные диалоги

▸ Сколько ехать из Кореи до России?
쓰꼴꼬   예하찌 이즈 꼬레이   도 러시이?
한국에서 러시아까지 얼마나 걸려요?
Хангугесо рощиакаджи ольмана гольлёё?

▸ Как далеко от Сеула до Пусана?
깍   달레꼬   옷 세울라   도 뿌사나?
서울에서 부산 까지 얼마나 멀어요?
Соуресо Бусанкаджи ольмана мороё?

▸ Какой сегодня день недели?
까꼬이 쎄고드냐 덴   네델리?
오늘 무슨 요일이에요?
Оныль мусын ёириёё?

▸ Во сколько идёте в школу?
워   쓰꼴꼬   이됴쩨 브 쉬꼴루?
몇시에 학교에 가요?
Мётщие хаккёэ гаё?

II. 대답(Ответ)

▸ Да.
나.
네(예).
Нэ(йе).

▸ Нет.
넷.
아니오(아니).
Анио(ани).

- Достаточно.
  도쓰따또츠노.
  충분해요.
  Чунбунхеё.

- С радостью выполню.
  쓰 라도쓰찌유 브쁠뉴.
  기꺼이 하겠어요.
  Гикои хагессоё.

- Хорошая мысль.
  호로샤야 므쓸.
  좋은 생각이에요.
  Джохын сэнгагиэё.

- Я тоже так думаю.
  야 또제 딱 두마유.
  저도 그렇게 생각해요.
  Джодо гырохке сэнгакхеё.

- Понятно.
  뽀냐또노.
  알겠어요(알았어요).
  Альгессоё.

- Могу сделать.
  모구 쓰델라찌.
  할 수 있어요.
  Халь су иссоё.

- Не могу сделать.
  녜 모구 쓰델라찌.
  할 수 없어요.
  Халь су опсоё.

Полезные диалоги

- Скажите ещё раз.
  쓰까지쩨 예쇼 라즈.
  다시 말하세요.
  Дащи мальхасэё.

- Извините, нельзя.
  이즈위니쩨, 넬쟈.
  죄송하지만 안돼요.
  Джесонхаджиман андвеё.

- Да, конечно.
  다, 꼬네츠노.
  네. 물론이에요.
  Нэ, мульлониэё.

- Рассчитывайтесь каждый по отдельности.
  라쓰치뜨와이쩨쉬 까즈드이 뽀 오뜨델노쓰찌.
  각자 계산해요.
  Гакджа гесанхасэё.

제6과 감사, 사과 (Благодарность, Извинения.)

- Спасибо.
  쓰빠씨보.
  감사합니다(고맙습니다).
  Гамсахамнида(гомапсымнида).

- Извините. (Простите)
  이즈위니쩨. (쁘로쓰찌쩨)
  미안합니다(송구합니다).
  Мианхамнида(сонгухамнида).

- Извините.
  이즈위니쩨.
  실례합니다. (다른 사람에게 부탁할 때)
  Щиллехамнида.(При обращении с просьбой к незнакомым)

- Спасибо за помощь.
  쓰빠씨보   자 뽀모쉬.
  도와 주셔서 감사합니다.
  Доваджущёсо гамсахамнида.

- Спасибо за то, что нашли время.
  쓰빠씨보   자 또 츠또 나쉴리 브레먀.
  시간을 내 주셔서 고맙습니다.
  Щиганыль нэ джущёсо гомапсымнида.

- Наоборот, это я должен(а) благодарить.
  나오보롯,   에또 야 돌젠(돌즈나)   블라고다리찌.
  오히려 제가 고마워해야 해요.
  Охирё джега гомавохея хеё.

- Это не намеренно.
  에또   녜   쓸루차이노.
  고의가 아니예요.
  Гоыйга аниэё.

- Не за что. (Не стоит благодарности.)
  녜 자 츠또. (녜   쓰또잇 블라고다르노쓰찌.)
  천만에요.
  Чонманэё.

- Простите, это в последний раз.
  쁘로쓰찌쩨,   에또 브 뽀쓸레드니이   라즈.
  한번만 용서해 주세요.
  Ханбонман ёнсоходжусэё.

Полезные диалоги

제7과 부탁, 권유 (Просьба. Приглашение.)

- Вы не дадите мне воды?
  브 네 다디쩨 므녜 워드?
  물을 주시겠어요?
  Мурыль джущигессоё?

- Вы мне поможете?
  브 므녜 뽀모제쩨?
  도와 주시겠어요?
  Доваджущигессоё?

- Можно курить?
  모즈노 꾸리찌?
  담배 피워도 돼요?
  Дамбе пхиводо двеё?

- Можно зайти?
  모즈노 자이찌?
  들어가도 돼요?
  Дырогадо двеё?

- Подвезёте на машине?
  뽀드웨죠쩨 나 마쉬녜?
  차를 태워 주시겠어요?
  Чарыль тхэводжущигессоё?

- Пойдемте кушать?
  뽀이둄쩨 꾸샤찌?
  식사하러 가시겠어요?
  Щиксахаро гащигессоё?

- Будете пить спиртное?
  부데쩨   삐찌   쓰삐르뜨노예?
  한잔 하시겠어요?
  Ханджан хащигессоё?

- Садитесь.
  싸디쩨쉬.
  앉으세요.
  Анджысэё.

- Добро пожаловать.
  도브로   뽀잘로와찌.
  어서 오세요.
  Осо осэё.

- Будьте осторожны.
  부디쩨   오쓰또로즈느.
  조심하세요.
  Джощимхасэё.

- Успокойтесь.
  우쓰뽀꼬이쩨쉬.
  진정하세요.
  Джинджонхасэё.

- Немного подождите.
  넴노고   뽀도즈디쩨.
  좀 기다리세요.
  Джом гидарисэё.

- Минуточку.
  미누또츠꾸.
  잠깐만요.
  Джамканманё.

Полезные диалоги

▸ Медленнее, не торопитесь.
메들렌네예,   녜   또로삐쩨쉬.
천천히 하세요.
Чончони хасэё.

▸ Поторопитесь.
뽀또로삐쩨쉬.
빨리 하세요.
Палли хасэё.

▸ Научите.
나우치쩨.
가르쳐 주세요.
Гарычёджусэё.

▸ Кушайте.
꾸샤이쩨.
드세요.
Дысэё.

▸ Покажите.
뽀까지쩨.
보여 주세요.
Боёджусэё.

▸ Идите.
이디쩨.
가세요.
Гасэё.

▸ Не ходите.
녜   호디쩨.
가지 마세요.
Гаджимасэё.

- Приходите.
  쁘리호디쩨.
  오세요.
  Осэё.

- Не приходите.
  녜   쁘리호디쩨.
  오지 마세요.
  Оджимасэё.

- Не ждите.
  녜   즈디쩨.
  기다리지 마세요.
  Гидариджимасэё.

- Говорите.
  고워리쩨.
  말하세요.
  Мальхасэё.

- Не говорите.
  녜,   고워리쩨.
  말하지 마세요.
  Мальхаджимасэё.

- Повторяйте.
  쁘브또라이쩨.
  따라하세요.
  Тарахасэё.

- Возьмите.
  워즈미쩨.
  받아 주세요.
  Бададжусэё.

Полезные диалоги

- **Не переживайте.**
  네 뻬레지와이쩨.
  걱정하지 마세요.
  Гоктёнхаджимасэё.

- **Не бойтесь.**
  네 보이쩨쉬.
  무서워하지 마세요.
  Мусовохаджимасэё.

- **Идите сюда.**
  이디쩨 슈다.
  이리 오세요.
  Ири осэё.

- **Идите туда.**
  이디쩨 뚜다.
  저리 가세요.
  Джори гасэё.

- **Забудьте.**
  자부디쩨.
  잊으세요.
  Иджисэё.

- **Не забудьте.**
  네 자부디쩨.
  잊지 마세요.
  Итти масэё.

- **Не давайте.**
  네 다와이쩨.
  주지 마세요
  Джуджимасэё.

- Дайте.
  다이쩨.
  주세요.
  Джусёё.

- Не плачьте.
  녜 쁠라츠쩨.
  울지 마세요.
  Ульджимасёё.

- Смейтесь.
  쓰메이쩨쉬.
  웃으세요.
  Усысёё.

- Не смейтесь.
  녜 쓰메이쩨쉬.
  웃지 마세요.
  Утти масёё.

- Не опаздывайте.
  녜 오빠즈드와이쩨.
  늦지 마세요.
  Ныттимасёё.

- Обязательно купите.
  오바자쩰노 꾸삐쩨.
  꼭 사주세요.
  Кок саджусёё.

- Выполните обещание.
  브뽈니쩨 오베샤니예.
  약속 지키세요.
  Яксок джикхисёё.

Полезные диалоги

- Страшно. Боюсь.
  쓰뜨라쉬노. 보유쉬.
  무서워요.
  Мусовоё.

- Держитесь.
  데르지쩨쉬.
  힘내세요.
  Хим нэсё.

- Не пугайтесь.
  녜 뿌가이쩨쉬.
  놀라지 마세요.
  Нольладжимасэё.

- Не злитесь.
  녜 즐리쩨쉬.
  화내지 마세요.
  Хва нэджимасэё.

- Не разочаровывайтесь.
  녜 라조차로브와이쩨쉬.
  실망하지 마세요.
  Щильманхаджимасэё.

- Не отступайте.
  녜 옷쓰뚜빠이쩨.
  포기하지 마세요.
  Пхоги хаджимасэё.

- Я в депрессии.
  야 브 데쁘레쉬이.
  우울해요.
  Уульхеё.

- Плохое настроение.
  쁠로호예   나쓰뜨로예니예.
  기분이 안 좋아요.
  Гибуни ан джохаё.

- Хорошее настроение.
  호로쉐예   나쓰뜨로예니예.
  기분이 좋아요.
  Гибуни джохаё.

- Можно посмотреть на минутку?
  모즈노   뽀쓰모뜨레찌   나   미눗 꾸?
  잠시 봐도 돼요?
  Джамщи бадо двеё?

- Никому не говорите.
  니꼬무   녜   고워리쩨.
  다른 사람에게 말하지 마세요.
  Дарын сарамэге мальхаджимасёё.

- Сделайте всё возможное.
  쓰델라이쩨   브쇼   보즈모즈노예.
  최선을 다 하세요.
  Чесоныль да хасёё.

제8과 전화걸기와 받기
(Телефонный разговор)

- Алло.
  알로.
  여보세요.
  Ёбосэё.

Полезные диалоги

▸ Это дом господина Ким?
에또 돔 고쓰쁘디나 낌?
김 선생님 댁이 맞으세요?
Ким сонсенним дэги маджысэё?

▸ Господин Пак на месте?
고쓰쁘딘 빡 나 메쓰쩨?
Можно с ним говорить?
모즈노 쓰 님 쁘고이리쩨?
박 선생님 계세요?
Пак сонсенним гесэё)?

▸ Пригласите профессора Ли.
쁘리글라씨쩨 쁘로페소라 리.
이 교수님 바꿔 주세요.
И гёсуним баккуо джусэё.

▸ Я Ольга Ли.
야 올가 리.
저는 올가이에요.
Джонын Ольгаиэё.

▸ Кто это?
끄또 에또?
누구세요?
Нугусэё?

▸ Здесь нет Лены.
즈데쉬 넷 레느.
레나씨는 여기 없어요.
Ленащинын ёги опсоё.

- **Занято.**
  자나또.
  통화중이에요
  Тхонхваджуниэё.

- **Не туда попали.**
  네   뚜다   뽀빨리.
  잘못 걸었어요.
  Джаль мот гороссоё.

- **Плохо слышно.**
  쁠로호   쓸르쉬노.
  잘 안 들려요.
  Джаль ан дыльлёё.

- **Говорите громче.**
  고워리쩨   그롬체.
  크게 말하세요.
  Кхыге мальхасэё.

- **Звонят.**
  즈워낫.
  전화 왔어요.
  Джонхва вассоё.

- **Позже перезвоню.**
  뽀즈제   뻬레즈워뉴.
  나중에 연락드릴게요.
  Наджуне ёнлакдырилькеё.

- **Спасибо, что позвонили.**
  쓰빠씨보   츠또   뽀즈워닐리.
  전화해 주셔서 감사 합니다.
  Джонхва джущёсо гамсахамнида.

Полезные диалоги

- Оставлю записку.
  오쓰따블류   자삐쓰꾸.
  메시지 남길게요.
  Мессиджи намгилькеё.

- По какому поводу звонили?
  뽀   까꼬무   뽀워두   즈워닐리?
  무슨 일로 전화 하셨어요?
  Мусын ильло джонхва хащёссоё?

제9과 가격 (Цены)

- Это сколько стоит?
  에또   쓰꼴꼬   쓰또잇?
  이것 얼마예요?
  Игот ольмаэё?

- 10,000 вон.
  제샤쩨 뜨샤치 원.
  10,000원이예요.
  Манвониэё.

- Очень дорого.
  오첸   도로고.
  너무 비싸요.
  Ному биссаё.

- Дайте подешевле.
  다와이쩨   뽀데쉐블레.
  깎아 주세요.
  Кака джусэё.

▸ **Не хватает денег.**
  네 흐와따옛 데네그.
  돈이 모자라요.
  Дони моджараё.

▸ **Дайте сдачу.**
  다이쩨 쓰다추.
  거스럼돈 주세요.
  Госырым дон джусэё.

▸ **Вы неправильно дали сдачу.**
  브 녜쁘라윌노 달리 쓰다추.
  잔돈 잘 못 주셨어요.
  Джан дон джаль мот джущёссоё.

▸ **Дайте квитанцию.**
  다이쩨 끄위딴치유.
  영수증 주세요.
  Ёнсуджун джусэё.

▸ **Рассчитывайтесь.**
  라쓰치뜨와이쩨쉬.
  계산하세요.
  Гесанхасэё.

제10과 물건사기 (Покупка)

I. 쇼핑할 때 필요한 대화 (Диалоги при покупке)

▸ **Здесь есть поблизости рынок?**
  즈데쉬 예쓰찌 뽀블리조쓰찌 르녹?
  여기 근처에 시장이 있습니까?
  Ёги гынчоэ щиджани иссымника?

Полезные диалоги

▸ **Что Вы хотите купить?**
츠또 브 호찌쩨 꾸삐찌?
뭐 찾으십니까(찾으세요)?
Мо чаджыщимника(чаджысэё)?

▸ **Я хочу купить одежду.**
야 호추 꾸삐찌 오제즈두.
저는 옷을 사고 싶어요.
Джонын осыль саго щипхоё.

▸ **Как Вам это?**
깍 왐 에또?
이것은 어때요?
Игосын оттэё?

▸ **Сколько стоит?**
쓰꼴꼬 쓰또잇?
얼마예요?
Ольмаэё?

▸ **20,000 вон.**
드왓차찌 뜨샤치 원.
이만(20,000)원이에요.
Иман вониэё.

▸ **Дайте подешевле.**
다이쩨 뽀데쉐블레.
좀 싸게 해 주세요.
Джом саге хеджусэё.

▸ **Нет ли подешевле?**
넷 리 뽀데쉐블레?
더 싼 것은 없어요?
До сангосын опсоё?

- **Есть что-нибудь за 5,000 вон?**
  예쓰찌 츠또니부디 자 빠찌뜨샤츠 원?
  오천(5,000)원짜리 있어요?
  Очонвонтяри иссоё?

- **Поменяйте вот это.**
  뽀메냐이쩨 웟 에또.
  이것을 좀 바꿔 주세요.
  Игосыль джом баккуоджусэё.

- **Очень дорого. Дайте немного подешевле.**
  오첸 도로고. 다이쩨 넴노고 뽀데쉐블레.
  너무 비싸요. 좀 깎아 주세요.
  Ному биссаё. Джом какаджусэё.

- **Дам дешевле на 2,000вон.**
  담 데쉐블레 나 드웨 뜨싸치 원.
  이천(2,000)원 깎아 드릴게요.
  Ичхонвон кака дырилькеё.

- **Дайте дешевле на 5,000вон.**
  다이쩨 데쉐블레 나 빠찌뜨싸치원
  오천(5,000)원 깎아 주세요.
  Очонвон кака джусэё.

- **Заверните.**
  자웨르니쩨.
  포장해 주세요.
  Пходжанхеджусэё.

- **Я хочу купить одну коробку женьшеня.**
  야 호추 꾸삐찌 오드누 꼬롭꾸 젠쉐냐.
  인삼 한 통 사고 싶은데요.
  Инсам хан тхон саго щипхоё.

Полезные диалоги

▸ Есть 6-летний корень?
예쓰찌 쉐쓰찌 렌니이 꼬롄?
육(6)년짜리 있어요?
Югнёнтяри иссоё?

▸ Одна коробка стоит 30,000 вон.
오드나 꼬롭까 쓰또잇 뜨릳차찌 뜨싸치 원.
한 통에 삼만(30,000)원이에요.
Хан тхоне самманвониэё.

▸ Есть подешевле?
예쓰찌 뽀데쉐블레?
더 싼 것이 있어요?
До сангощи иссоё?

▸ Покажите 5-летний корень.
뽀까지쩨 빠찌렌니이 꼬롄.
오(5)년짜리 보여 주세요.
Онёнтяри боёджусэё.

▸ Сколько штук в коробке?
쓰꼴꼬 쉬뚝 브 꼬롭께?
한통에 몇 개 들어 있어요?
Хан тхоне мёт ке дыроиссоё?

▸ А этому корню сколько лет?
아 에또무 꼬르뉴 쓰꼴꼬 롓?
이건 몇 년 짜리예요?
Игон мёт нён тяриэё?

▸ Здесь чай из женьшеня тоже продают?
즈데쉬 차이 이즈 젠쉐냐 또제 쁘로다윳?
여기 인삼차도 팔아요?
Ёги инсамчадо пхараё?

- **Как Вы продаёте яблоки?**
  깍   쁘   쁘로다요쩨   얍로끼?
  사과는 어떻게 팔아요?
  Сагваны́н отохке пхараё?

- **4 штуки тысяча вон.**
  체뜨레   쉬뚜끼 뜨싸차 원.
  네(4) 개 천원이에요.
  Нэге чонвониё.

- **Это сгнило.**
  에또   쓰기닐로.
  이 거 섞었어요.
  Иго согоссоё.

- **Сладкое?**
  쓸라드꼬예?
  달아요?
  Дараё?

- **Дайте 6 штук.**
  다이쩨   쉐쓰찌 쉬뚝.
  여섯 개 주세요.
  Ёсот ке джусэё.

- **Синий костюм сколько стоит?**
  씨니이   꼬쓰쭘   쓰꼴꼬   쓰또잇?
  파란 옷은 얼마예요?
  Пхаран осын ольмаэё?

- **Нет ли чего-нибудь получше?**
  넷   리 체고니부디   뽈루취쉐?
  더 좋은 것 없어요?
  До джохын госын опсоё?

Полезные диалоги

- Есть что-нибудь другое?
  예쓰찌 츠또니부디 드루고예?
  다른 것 있어요?
  Дарын гот иссоё?

- Хорошее качество?
  호로쉐예 까체쓰뜨워?
  질이 좋아요?
  Джири джохаё?

- Научите пользоваться этим.
  나우치쩨 뽈조와찌쌰 에찜.
  사용방법을 알려 주세요.
  Саёнбанбобыль аллёджусэё.

- Всё продали.
  브쇼 쁘로달리.
  다 팔았습니다.
  Да пхарассымнида.

II. 남편과 아내가 함께 쇼핑하러 갈 때
(Супруги вместе отправляются за покупками.)

- Муж: Давай сегодня пойдём за покупками.
  무즈: 다와이 쎄고드냐 뽀이둠 자 뽀꿉까미.
  남편: 오늘 우리 쇼핑하러 가자.
  Оныль ури щёпинхаро гаджа.

- Жена: Сейчас пойдём?
  제나: 쎄이차쓰 뽀이둠?
  아내: 지금 가요?
  Джигым гаё?

- **Муж: Да, готовься.**
  무즈: 다, 고또위샤.
  남편: 응. 갈 준비해요.
  Ын, галь джунбихеё.

- **Жена: Подождите немного.**
  제나: 뽀도즈디쩨 넴노고.
  아내: 좀 기다려 주세요.
  Джом гидарёджусэё.

- **Муж: Туда пойдём посмотрим, купим что захочется и вернёмся.**
  무즈: 뚜다 뽀이둄 뽀스모뜨림, 꾸뼴 츠또 자호쳇샤 이 베르뇸샤.
  남편: 거기에 가서 구경하고, 사고 싶은 것 사서, 돌아오자.
  Гогие гасо гугёнхаго, саго щипхынгот сасо, дораоджа.

- **Жена: Это обойдётся дорого. Только посмотрим.**
  제나: 에또 오보이둇샤 도로고. 똘꼬 뽀스모뜨림.
  아내: 돈 많이 들어요. 구경만 하고 와요.
  Дон мани дыроё. Гугёнман хаго ваё.

- **Муж: Нет. Я хочу тебе что-нибудь купить.**
  무즈: 넷. 야 호추 쩨베 츠또니부디 꾸삐찌.
  남편: 안돼요. 난 당신에게 무엇이나 사주고 싶어요.
  Андвеё. Нан даншинэге муощина саджуго щипхоё.

- **Жена: Я знаю что Вы хотите.**
  제나: 야 즈나유 츠또 브 호찌쩨.
  아내: 당신의 마음을 알아요.
  Даншиный маымыль араё.

Полезные диалоги

▸ **Муж: Тогда быстрее готовься и пойдём.**
무즈: 또그다   브쓰뜨레예   고또비샤   이 뽀이둠.
남편: 그럼 빨리 준비해서 나가요.
Гыром палли джунбихесо нагаё.

▸ **Жена: Такой макияж пойдёт?**
제나: 따꼬이   마끼야즈   뽀이둅?
아내: 화장 이렇게 해도 돼요?
Хвадян ирохке хедо двеё?

▸ **Муж: Ты и без макияжа красивая.**
무즈: 뜨 이 베즈 마끼야자   끄라씨와야.
남편: 화장 안 해도 예뻐요.
Хвадян анхедо йепоё.

▸ **Жена: Это шутка?**
제나: 에또   슛까?
아내: 농담이죠?
Нондамиджиё?

▸ **Муж: Ты для меня самая красивая.**
무즈: 뜨 들랴 메냐   사마야   끄라씨와야.
남편: 나에게 당신이 제일 예뻐요.
Наэге данщини джеиль йепоё.

▸ **Жена: Да знаю, опоздаем. Пойдём скорее.**
제나: 다 즈나유, 오쁘즈다옘.   뽀이둄쩨   쓰꼬레예.
아내: 네 알겠어요, 늦었어요. 빨리 가요.
Нэ, альгессоё, ныджоссоё. Палли гаё.

▸ **Муж: Какой цвет одежды ты любишь?**
무즈: 까꼬이   츠웻   오데즈드   뜨   류비쉬?
남편: 무슨 옷 색깔 좋아해요?
Мусын от сэккаль джохахеё?

▸ Жена: Розовый. Почему Вы спрашиваете?
제나: 로즈브이. 쁘체무 브 쓰쁘라쉬와예쩨?
아내: 분홍색이에요. 근데 왜요?
Бунхынсэгиэё. Гындэ веё?

▸ Муж: Чтобы купить, зная что ты любишь.
무즈: 츠또브 꾸삐찌 즈나야 츠또 뜨 류비쉬.
남편: 당신 뭐 좋아하는지 알고 사 주려고 해요.
Данщин мо джохаханынджи альго са джурёго хеё.

▸ Жена: Ничего, дома много одежды.
제나: 니체고, 도마 므노고 오데즈드.
아내: 괜찮아요, 집에 옷 많아요.
Гвенчанхаё, джибе от манхаё.

▸ Муж: В Корее холодная зима. Надо купить одежду для этой зимы.
무즈: 브 꼬레예 홀로드나야 지마. 나도 꾸삐찌 오데즈두 들랴 에또이 지므.
남편: 한국 겨울이 추워요. 올 겨울에 입을 옷 사야지요.
Хангук гёури чувоё. Оль гёуре ибыль от саяджиё.

▸ Жена: Что-нибудь одно купить достаточно.
제나: 츠또니부디 오드노 꾸삐찌 도쓰따또츠노.
아내: 하나만 사면 돼요.
Ханаман самён двеё.

▸ Муж: Как тебе эта одежда?
무즈: 깍 쩨베 에따 오데즈다?
남편: 이 옷이 어때요?
И ощи оттэё?

▸ Жена: Да так себе.
제나: 다 딱 세베.

Полезные диалоги

아내: 그냥 그래요.
Гынян гыреё.

▸ Муж: Тебе не нравится? Тогда выберешь что-нибудь
무즈:　　쩨베　녜　느라윗샤?　　또그다　브베례쉬　츠또니부디

　　　другое?
　　　드루고예?

남편: 마음에 안 들어요? 그럼 다른 것으로 골라 봐요?
Маыме ан дыроё? Гыром дарын госыро голла баё?

▸ Жена: Эта одежда нравится.
제나:　　　에따　　오데즈다　　느라윗샤.

아내: 이 옷을 좋아해요.
И осыль джохахеё.

▸ Муж: Да, ничего. Примерь.
무즈:　　다,　니체고.　　쁘리메리.

남편: 괜찮네요. 한번 입어 봐요.
Гвенчанхеё. Ханбон ибобаё.

▸ Жена: Ну как? Я не выгляжу полной?
제나:　　누 깍?　　야 녜　브글라주　뽈노이?

아내: 어때요? 좀 뚱뚱해 보이지 않아요?
Оттэё? Джом тунтунхе боиджи анхаё?

▸ Муж: Купи эту одежду. Тебе идёт.
무즈:　　꾸삐　　에뚜　오데즈두.　　쩨베　　이돑.

남편: 이 옷 사요. 당신한테 어울려요.
И от саё. Данщинхантхе оульлёё.

▸ Жена: Мне нравится. Буду носить с удовольствием.
제나:　　므녜　느라윗샤.　　　부두　　노씨찌　쓰 우도볼쓰뜨비옘.

아내: 마음에 들어요. 예쁘게 입을게요.
Маыме дыроё. Йепыге ибылькеё.

- Муж: Тебе нравится и у меня хорошее настроение.
  무즈: 쩨베 느라윗샤   이우 메냐   호로쉐예   나쓰뜨로예니예.
  남편: 마음에 들었다니 나도 기분이 좋아요.
  Маыме дыроттани надо гибуни джохаё.

제11과 식사 (Трапеза)

I. 집에서 가족과 함께 밥을 먹을 때
(Трапеза в кругу семьи в домашней обстановке.)

I-1 밥상에서 먹기 전에 하는 말 (Фразы за столом до еды.)

- Муж: (Жене) Давай кушать.
  무즈: 다와이   꾸샤찌.
  남편: (아내에게) 밥 먹자.
  Бап моктя.

- Жена: Сильно голоден?
  제나: 씰노   골로덴?
  아내: 배가 많이 고프시죠?
  Бега мани гопхыщиджё?

- Муж: Что у нас сегодня?
  무즈: 츠또 우 나쓰 쎄고드냐?
  남편: 오늘 뭐죠?
  Оныль моджё?

- Жена: Приготовила суп из соевой пасты, который ты
  제나: 쁘리고또윌라   쑵   이즈 쏘예워이   빠쓰뜨   꼬뜨로이   뜨
  любишь.
  류비쉬.

Полезные диалоги

아내: 당신이 좋아하는 된장찌개 만들었어요.
Данщини джохаханын двенджантиге мандыроссоё.

▸ Муж: Дорогая, спасибо, вау! Это выглядит аппетитно.
무즈: 도로가야, 쓰빠씨보, 와우! 에또 브그라딧 압뻬찟노.
남편: 여보, 고마워요, 와! 맛있겠다.
Ёбо, гомавоё, ва! Мащикетта.

▸ Жена. Кушайте много.
제나: 꾸샤이쩨 므노고.
아내: 많이 드세요.
Мани дысэё.

▸ Муж: Ты тоже кушай много.
무즈: 뜨 또제 꾸샤이 므노고.
남편: 당신도 많이 들어요.
Данщиндо мани дыроё.

▸ Жена: Спасибо.
제나: 쓰빠씨보.
아내: 잘 먹겠습니다.
Джаль моккессымнида.

(다른 사람이 음식을 만들어 주거나 사 줄때 받는 사람이 "고맙다"는 말 대신에 하는 말이다.)

(Это выражение используется вместо "Спасибо" в случае, когда кто-то готовит блюда специально для Вас или угощает.)

I-2 밥을 먹는 중에 부부가 할 수 있는 대화들
(Диалог супругов во время трапезы)

- **Муж: Ты вкусно приготовила.**
  무즈: 뜨 브꾸쓰노 쁘리고또윌라.
  남편: 맛있게 만들었네요.
  Мащике мандыроннэё.

- **Жена: Правда? (На самом деле?)**
  제나: 쁘라브다? (나 사몸 델레)?
  아내: 진짜예요(그래요)?
  Джинтяэё(Гыреё)?

- **Муж: Правда.**
  무즈: 쁘라브다.
  남편: 정말이에요 = 진짜예요.
  Джонмариэё=Джинтяэё.

- **Жена: Тогда Вы должны много кушать.**
  제나: 또그다 브 돌즈느 므노고 꾸샤찌.
  아내: 그럼 많이 드셔야 돼요.
  Гыром мани дыщёядвеё.

- **Муж: Ты действительно очень вкусно готовишь.**
  무즈: 뜨 데이쓰뜨위쩰노 오첸 브꾸쓰노 고또위쉬.
  남편: 당신 요리 솜씨가 참 대단해요.
  Даншин ёри сомщига чам дэданхеё.

- **Жена: Что тебе понравилось из блюд в России?**
  제나: 츠또 쩨베 쁘라윌로쉬 이즈 블륫 브 러씨이?
  아내: 러시아에서는 음식을 뭐 좋아했어요?
  Рощиаэсонын ымщигыль мо джохахессоё)?

Полезные диалоги

▸ **Муж: Мне понравился шашлык.**
  무즈: 므네 뽄라윌샤 샤슬륵.
  남편: 샤슬릭을 좋아해요(고기를 꼬치에 끼워서 불에 굽는 것).
  Щясыллыгыль джохахеё.

▸ **Жена: Приготовлю как нибудь.**
  제나: 쁘리고또블류 깍 니부디.
  아내: 나중에 만들어 줄께요.
  Наджуне мандыро джулькоё.

▸ **Муж: Хорошо. Как будет время пойдём вместе на рынок.**
  무즈: 호로쇼. 깍 부뎃 브레먀 뽀이돔 브메쓰쩨 나 르녹.
  남편: 그래요. 시간이 있으면 시장에 같이 가요.
  Гыреё. Щигани иссымён щиджане гачи гаё.

▸ **Жена: Хорошо.**
  제나: 호로쇼.
  아내: 좋아요.
  Джохаё.

▸ **Муж: Скажи если что-нибудь нужно.**
  무즈: 쓰까지 예슬리 츠또니부디 누즈노.
  남편: 필요한 것 있으면 이야기해요.
  Пхирёхан гот иссымён иягихеё.

▸ **Жена: Да, хорошо.**
  제나: 다, 호로쇼.
  아내: 네, 알겠어요.
  Нэ, альгессоё.

▸ Муж: Скорее кушай. Всё остыло.
무즈: 쓰꼬레예 꾸샤이. 브쇼 오쓰뜰로.
남편: 빨리 먹어요. 다 식었어요.
Палли могоё. Да щигоссоё.

▸ Жена: Сегодня помойте пожалуйста посуду.
제나: 쎄고드냐 뽀모이쩨 뽀잘루이쓰따 뽀수두.
아내: 오늘 설거지 좀 해 주세요.
Оныль сольгоджи джом хеджусэё.

▸ Муж: Давай вместе.
무즈: 다와이 브메쓰쩨.
남편: 우리 같이 하자.
Ури гачи хаджа.

▸ Жена: Можно и так.
제나: 모즈노 이 딱.
아내: 그래도 좋아요.
Гыредо джохаё.

▸ Муж: Кушай ещё, ты сильно похудела.
무즈: 꾸샤이 예쇼, 뜨 씰노 뽀후델라.
남편: 더 먹어요, 당신 많이 말랐어요.
До могоё, данщин мани маллассоё.

▸ Жена: Хорошо, буду много есть.
제나: 호로쇼, 부두 므노고 예쓰찌.
아내: 네, 많이 먹을께요.
Нэ, мани могылькеё.

Полезные диалоги

I-3 밥을 먹은 후에 하는 말
(Фразы, употребляемые после трапезы.)

▸ **Жена: Вкусно покушал?**
제나: 쁘꾸쓰노   뽀꾸살?
아내: 맛있게 드셨어요?
Мащикке дыщессоё?

▸ **Муж: Дорогая, спасибо, хорошо покушал.**
무즈: 도로가야,   쓰빠씨보,   호로쇼   뽀꾸살.
남편: 여보, 고마워요, 잘 먹었어요.
Ёбо, гомавоё, джаль могоссоё.

▸ **Жена: Я приготовлю ещё много вкусного.**
제나: 야 쁘리고또블류   예쇼   므노고   브꾸쓰노고.
아내: 맛있는 것 많이 만들어 줄게요.
Мащиннын гот мани мандроджулькеё.

II. 부부가 외식할 때 (Супруги в ресторане.)

▸ **Муж: Давай сегодня сходим куда нибудь покушать.**
무즈: 다와이   쎄고드냐   쓰호딤   꾸다   니부디   뽀꾸샤찌.
남편: 오늘 외식하러 가자.
Оныль вещикхаро гаджа.

▸ **Жена: Да, хорошо.**
제나: 다,   호로쇼.
아내: 네, 좋아요.
Нэ, джохаё.

- **Муж: Что ты хочешь кушать?**
  무즈: 츠또 뜨 호체쉬 꾸샤찌?
  남편: 무엇을 먹고 싶어요?
  Муосыль мокко щипхоё?

- **Жена: Мне всё равно.**
  제나: 므네 브쇼 라브노.
  아내: 아무거나 다 좋아요.
  Амугона да джохаё.

- **Муж: Закажу самгетхан.**
  무즈: 자까주 삼계탄.
  남편: 삼계탕을 주문할게요.
  Самгётханыль джумунхалькеё.

- **Жена: Острое?**
  제나: 오쓰뜨로예?
  아내: 매워요?
  Мевоё?

- **Муж: Не острое.**
  무즈: 녜 오쓰뜨로예.
  남편: 안 매워요.
  Анмевоё.

- **Жена: Я могу кушать то блюдо.**
  제나: 야 모구 꾸샤찌 또 블류도.
  아내: 제가 그 음식을 먹을 수 있어요.
  Джега гы ымщигыль могыль су иссоё.

- **Муж: Конечно, тебе наверное понравится.**
  무즈: 꼬네츠노, 쩨베 나웨르노예 쁜라윗샤.
  남편: 그럼 아주 좋아 할걸
  Гыром, аджу джохахальколь.

Полезные диалоги

▸ **Муж: Может вместе выпить?**
　무즈:　　모젯　　　브메쓰쩨　브삐찌?

　　(Будешь пить вместе со мной соджу?)
　　　　　부데쉬　　삐찌　브메쓰쩨　　쏘　므노이　소주?
남편: 한잔 같이 할까? (소주 같이 먹을까요?)
Ханджан гачи халька? (Соджу гачи могылькаё)?

▸ **Жена: Я не пью спиртное.**
　세나:　　야 녜 삐유　쓰삐르트노에.
아내: 술 못 먹어요.
Суль мот могоё.

▸ **Муж: Тогда можно я выпью один?**
　무즈:　　또그다　　모즈노　　야 브삐유　　오딘?
남편: 나 혼자 먹어도 돼요?
На хонджа могодо двеё?

▸ **Жена: Чуть чуть.**
　제나:　　추찌　　추찌.
아내: 조금만이에요.
Джогыманиэё.

종업원 부르기(Разговор с официантом)

▸ **Муж(жена): Пожалуйста, примите заказ.**
　무즈(제나):　　뽀잘루이쓰따,　　쁘리미쩨　　자까즈.
남편(아내): 저기요, 여기 주문 받으세요.
Джогиё, ёги джумун бадысэё.

▸ **Официант: Что будете кушать?**
　　　　　　츠또　부데쩨　　꾸샤찌?
종업원: 뭐 드시겠어요?
Мо дыщигессоё?

▸ **Муж(Жена): Дайте два самгетхана и одну бутылку**
  무즈(제나):　　다이쩨　드와　삼계타나　　이 오드누　부뜰꾸
  　　　　　　　соджу.
  　　　　　　　소주.
  남편(아내): 삼계탕 두 개하고 소주 한 병 주세요.
  Самгетхан ду ге хаго соджу хан бён джусэё.

▸ **Официант: Вот готов самгетхан, горячо, будьте**
  　　　　　　　　웓　고또브　삼계탄,　　고랴초,　부디쩨
  　　　　　　　осторожны.
  　　　　　　　오스또로즈느.
  종업원: 삼계탕 나왔어요, 뜨거우니까 조심하세요.
  Самгетхан навассоё, тыгоуника джощим хасэё.

▸ **Официант: Приятного аппетита.**
  　　　　　　쁘리야뜨노고　　　아뻬찌따.
  종업원: 맛있게 드세요.
  Мащикке дысэё.

▸ **Муж(жена): Спасибо.**
  무즈(제나):　　쓰빠씨보.
  남편(아내): 감사합니다.
  Гамсахамнида.

▸ **Муж: Вкусно?**
  무즈:　브꾸쓰노?
  남편: 맛있어요?
  Мащиссоё?

▸ **Жена: Да, вкусно.**
  제나:　다,　브꾸쓰노.
  아내: 네, 맛있어요.
  Нэ, мащиссоё.

Полезные диалоги

▸ **Муж: Кушай ещё.**
무즈: 꾸샤이 예쇼.
남편: 더 먹어요.
До могоё.

▸ **Жена: Я сыта. Больше есть не могу.**
제나: 야 쓰따. 볼쉐 예쓰찌 녜 모구.
아내: 배불러요. 더 먹을 수 없어요.
Бебульлоё. До могыльсу опсоё.

▸ **Муж: В следующий раз угощу ещё более вкусным блюдом.**
무즈: 브 쓸레두유쉬이 라즈 우고슈 예쇼 볼레예 브꾸쓰늠 블류돔.
남편: 다음에는 맛있는 것 더 많이 사 줄게요.
Даыменын мащиннын гот до саджулькеё.

▸ **Жена: Спасибо. Но это обойдётся дорого.**
제나: 쓰빠씨보. 노 에또 오보이듰샤 도로고.
아내: 고마워요. 그런데 돈이 많이 들어요.
Гомавоё. Гырондэ дони мани дыроё.

▸ **Муж: Не переживайте. Только скажите что хотите кушать.**
무즈: 녜 뻬레지와이쩨. 똘꼬 쓰까지쩨 츠또 호찌쩨 꾸샤찌.
남편: 걱정하지 마세요. 먹고 싶은 것만 이야기해요.
Гокджон хаджимасэё. Мокко щипхынготман иягихеё.

∷ 식사 후에 식당주인과 이야기하기
(Разговор с хозяином ресторана после трапезы)

▸ **Муж: Рассчитайте.**
무즈: 라쓰치따이쩨.
남편: 계산해 주세요.
Гесанхеджусёё.

▸ **Хозяин ресторана: Вкусно покушали?**
브꾸쓰노 뽀꾸살리?
식당주인: 맛있게 드셨어요?
Щиктан джуин: Мащикке дыщессоё?

▸ **Муж(жена): Да, вкусно покушали.**
무즈(제나): 다, 브꾸쓰노 뽀꾸살리.
남편(아내): 네. 맛있게 먹었어요.
Нэ, мащикке могоссоё.

▸ **Хозяин ресторана: Приходите ещё.**
쁘리호디쩨 예쇼.
식당주인: 다음에 오세요.
Даыме осэё.

▸ **Муж(жена): Хорошо, до свидания.**
무즈(제나): 호로쇼, 도 쓰위다니야.
남편(아내): 네. 안녕히 계세요.
Нэ, аннёнхигесэё.

▸ **Хозяин ресторана: До свидания.**
도 쓰위다니야.
식당주인: 안녕히 가세요.
Аннёнхигасэё.

Полезные диалоги

제12과 몸, 병, 치료 (Части тела, болезни, лечение)

I. 신체 (Части тела)

▸ Какой рост?
  까꼬이 로스뜨?
  키가 얼마예요?
  Кхига ольмаэё?

▸ 165 сантиметров.
  쓰또 쉐쓰쩨데샷 빠찌 싼찌멛로프.
  백육오(165cm)이에요.
  Бекюкщибо сэнтхиэё.

▸ Какой вес?
  까꼬이 웨쓰?
  몸무게얼마예요?
  Мом мугега ольмаэё?

▸ 40 килограмм.
  소록 끼로그람.
  사십킬로(40kg)예요.
  Сащипкхиллоэё.

▸ Очень сухощавая.
  오쳰 쑤호샤와야.
  너무 말랐어요.
  Ному маллассоё.

▸ Я всегда такая сухощавая.
  야 브셰다 따까야 쑤호샤와야.
  저는 원래 말랐어요.
  Джонын волле мальлассоё.

- Какая группа крови?
  까까야   그룹빠   끄로위?
  혈액형이 뭐예요?
  Хёрекхёни моэё?

- В последнее время много кушаю, немного поправилась.
  브 뽀쓸레드네예   브례먀   므노고   꾸샤유,   넴노고   뽑라윌라쉬.
  요즘 많이 먹어서 살이 좀 쪘어요.
  Ёджым мани могосо сари джом тёссоё.

- Плохо кушаю, похудела.
  쁠로호   꾸샤유,   뽀후델라.
  잘못 먹어서 살이 빠졌어요.
  Джаль мот могосо сари паджёссоё.

II. 아플 때(При болезни)

- Выглядите устало.
  븍라디쩨   우쓰딸로.
  피곤해 보여요.
  Пхигон хе боёё.

- Да, немного устала.
  다,   넴노고   우쓰딸라.
  네. 조금 피곤해요.
  Нэ, джогым пхигонхеё.

- Почему? (Из-за чего)?
  뽀체무?   (잊자   체고)?
  왜요? (무엇 때문이에요?)
  Веё? (Муот тэмуниэё)?

Полезные диалоги

▸ Я три дня назад простыла.
   야 뜨리 드냐 나잣 쁘로쓰뜰라.
   저는 삼(3)일전에 감기에 걸렸어요.
   Джонын сам иль джонэ гамгиэ голлёссоё.

▸ Лекарство принимали?
   레까르쓰뜨워 쁘리니말리?
   약 먹었어요?
   Як могоссоё?

▸ Пила лекарство, но ещё не выздоровела.
   삘라 레까르쓰뜨워, 노 예쇼 녜 브즈도로웰라.
   약을 먹었는데 아직 안 나았어요.
   Ягыль могоннындэ аджик ан наассоё.

▸ Сходите в больницу.
   쓰호디쩨 브 볼니추.
   병원에 가 보세요.
   Бёнвонэ га босэё.

▸ Придётся так сделать.
   쁘리듮샤 딱 쓰델라찌.
   그래야 되겠어요.
   Гырея двегессоё.

▸ Я была на приёме.
   야 블라 나 쁘리요메.
   저는 진찰을 받았어요.
   Джонын джинчарыль бадассоё.

▸ Голова болит.
   골로바 볼릿.
   머리가 아파요.
   Морига апхаё.

- Купите средство от головной боли и принимайте.
  꾸삐쩨   쓰렏쓰뜨워   옷 골로브노이   볼리   이 쁘리니마이쩨.

  두통약을 사서 드세요.
  Дутхон ягыль сасо дысэё.

- Болит спина(позвоночник).
  볼릿   쓰삐나   (쁘즈워노츠닉).

  등이(허리가) 아파요.
  Дыни(хорига) апхаё.

- Если болит спина(позвоночник) не поднимайте тяжести.
  예쓸리 볼릿   쓰삐나   (쁘즈워노츠닉)   녜 뽀드니마이쩨   쨔제쓰찌.

  등이(허리가) 아프면 무거운 것 들지 마세요.
  Дыни(хорига) апхымён мугоун гот дыльджи масэё.

- Сделайте укол.
  쓰델라이쩨   우꼴.

  주사를 놔 주세요.
  Джусарыль наа джусэё.

- Надо отдохнуть несколько дней.
  나도   오뜨도흐누찌   녜쓰골꼬   드네이.

  며칠 동안 쉬어야 해요.
  Мёчиль тонан щиоя хеё.

- Спасибо за внимание.
  쓰빠씨보   자 브니마니예.

  관심 가져서 감사 합니다.
  Гванщим гаджёсо гамсахамнида.

Полезные диалоги

III. 약국에서 (В аптеке)

▸ **Я пойду в аптеку.**
야 뽀이두 브 압쩨꾸.
저는 약국에 가요.
Джонын яккуге гаё.

▸ **У Вас что-то болит?**
우 와쓰 츠또또 볼릿?
어디아파서 그래요?
Одыапхасо гыреё?

▸ **Да, простыла. Хочу купить лекарство от простуды.**
다, 쁘로쓰뜰라. 호추 꾸뻬찌 레까르쓰뜨워 옷 쁘로쓰뚜드.
네. 감기에 걸렸어요. 감기약을 사려고요.
Нэ, гамгие голлёссоё. Гамгиягыль сарёгоё.

▸ **Какие симптомы?**
까끼예 심쁘또므?
증상이 어때요?
Джынсани оттэё?

▸ **Кашляю, поднялась температура и болит голова.**
까쐴랴유, 뿐냘라쉬 뗌뻬라뚜라 이 볼릿 골로와.
기침하고 열이 나고 머리도 아파요.
Гчимхаго ёри наго моридо апхаё.

▸ **Принимайте это лекарство.**
쁘리니마이쩨 에또 레까르쓰뜨워.
이 약을 드세요.
И ягыль дысэё.

▸ Как принимать лекарство?
   깍   쁘리니마찌   레까르쓰뜨워?
   약을 어떻게 먹어요?
   Ягыль отокхе могоё?

▸ Принимайте три раза в день. Пить через 30 минут
   쁘리니마이쩨   뜨리 라자 브 덴.   삐찌   체레즈   뜨릳차찌 미눗
   после еды.
   뽀쓸레   예드.
   하루에 세 번 드세요. 식후 30분에 드셔야 해요.
   Харуе сэ бон дысэё. Щикху самщипбунэ дыщёя хеё.

IV. 병원에서 (В больнице)

▸ Врач: Что беспокоит?
   브라츠: 츠또   베쓰뽀꼬잇?
   의사: 어떻게 오셨어요?
   Отокхе ощёссоё?

▸ Пациент: У меня три недели болит живот.
   빠치옌뜨: 우 메냐   뜨리 네델리   볼릿   지욋.
   환자: 저는 삼(3)주 전에 배가 아팠어요.
   Джонын самджуджонэ бега апхассоё.

▸ Врач: Идите зарегистрируйтесь.
   브라츠: 이디쩨   자레기쓰뜨리루이쩨쉬.
   의사: 접수하고 오세요.
   Ыйса: Джопсухаго осэё.

▸ Пациент: Зарегистрируйте.
   빠치옌뜨: 자레기쓰뜨리루이쩨.
   환자: 접수 해 주세요.
   Джопсу хеджусэё.

Полезные диалоги

- Врач: Идите на прием к терапевту.
  브라츠: 이디쪠 나 쁘리욤 끄 쪠라뻬브뚜.
  의사: 내과에 가 보세요.
  Нэквае габосёэ.

- Пациент: Сделайте анализ.
  쓰델라이쪠 아날리즈.
  환자: 검사 해 주세요.
  Гомса хеджусэё.

- Врач: Посидите минутку, подождите.
  브라츠: 뽀시디쪠 미눗꾸, 뽀도즈디쪠.
  의사: 잠깐 앉아서 기다려 주세요.
  Джамкан анджасо гидарёджусэё.

- Пациент: Какие у меня симптомы? Сильно плохой
  까끼예 우 메냐 심쁘또므? 씰노 쁠로호이
  прогноз?
  쁘록노즈?
  환자: 제 증상이 어떤가요? 많이 안 좋은지요?
  Дже джынсани отонгаё? Мани ан джохынджиё?)

- Врач: Болезнь несерьёзная, но надо быть осторожным.
  브라츠: 볼레즌 네세리요즈나야, 노 나도 비찌 오쓰따로즈늠.
  의사: 병이 심하지 않지만 조심해야 합니다.
  Бёни щимхаджи анхчиман джощимхея хамнида.

- Пациент: Как надо лечиться?
  깍 나도 레치쯔샤?
  환자: 어떻게 치료를 해요?
  Отокхе чирёрыль хеё?

▸ Врач: Можно не лечиться.
  브라츠: 모즈노 녜 레치찌샤.
의사: 치료는 안 받아도 돼요.
Чирёнын ан бададо двеё.

▸ Пациент: Тогда надо сделать рентген снимок?
  뚝다 나도 쓰델라찌 렌뜨겐 쓰니목?
환자: 그럼 엑스레이를 찍어야 되나요?
Гыром эксыреирыль тигоядвенаё?

▸ Врач: Попейте это лекарство и понаблюдаем.
  브라츠: 뽀뻬이쩨 에또 레까르쓰뜨워 이 뽀납류다옘.
의사: 이 약을 드시고 지켜보세요.
И ягыль дыщиго джикхёбосэё.

V. 아내가 임신할 때(При беременности супруги)

V-1 임신한 것 같은 느낌이 들 때
 (При подозрении на беременность)

▸ Жена: Дорогой, кажется я плохо себя чувствую.
  제나: 도로고이, 까젯샤 야 쁠로호 세뱌 추브쓰뜨부유.
아내: 여보, 나 몸이 좀 안 좋은 것 같아요.
Ёбо, на моми джом ан джохын гот гатхаё.

▸ Муж: С каких пор?
  뮤즈: 쓰 까끼흐 뽀르?
남편: 언제부터 그랬어요?
Ондже бутхо гырессоё?

Полезные диалоги

▸ **Жена: Вот несколько дней.**
제나: 웓   네쓰꼴꼬   드네이.
아내: 요 며칠 이에요.
Ё мёчириэё.

▸ **Муж: Может это из-за месячных?**
뮤즈: 모젯   에또 잊자   메샤츠느흐?
남편: 생리기간이라서 그런가?
Сенригиганирасо гыронга?

▸ **Жена: Да, уже немного задержка.**
제나: 다, 우제 넴노고   자데르즈까.
아내: 생리 예정일이 좀 지났어요.
Сенри йеджонири джом джинассоё.

▸ **Муж: Может ты забеременела?**
뮤즈: 모젯   뜨 자베레메넬라?
남편: 혹시 임신한 거 아니에요?
Хокщи имщинханго аниэё?

▸ **Жена: Похоже что так.**
제나: 뽀호제,   츠또   딱.
아내: 그런 것 같아요.
Гыронгот гатхаё.

▸ **Муж: Ты делала тест на беременность?**
뮤즈: 뜨 델랄라   떼쓰뜨 나   베레멘노쓰찌?
남편: 임신 테스트 해 봤어요?
Имщин тест хебассоё?

▸ **Жена: Нет ещё.**
제나: 넷   예쇼.
아내: 아직은요.
Аджигынё.

▸ Муж: Пойдём сейчас в гинекологию
뮤즈: 뽀이돔 세이차쓰 브 기네꼴로기유.
남편: 지금 산부인과에 가자.
Джигым санбуинкваэ гаджа.

V-2 산부인과에 갔을 때 (В гинекологии)

▸ Врач: Что Вас беспокоит?
브라츠: 츠또 와쓰 베쓰뽀꼬잇?
의사: 어떻게 오셨어요?
Отокхе ощёссоё?

▸ Муж: Проверьте, не забеременела ли моя супруга.
뮤즈: 쁘로웨르쩨, 녜 자베레메넬라 리 모야 쑵루가.
남편: 제 아내가 임신했는지 검사해 주세요.
Дже анэга имщинхеннынджи гомсахеджусэё.

▸ Врач: Поздравляю. Ваша супруга беременна.
브라츠: 뽀즈드라블랴유. 와샤 쑵루가 베레멘나.
의사: 축하합니다. 부인이 임신하셨어요.
Чукхахамнида. Буини имщинхащёссоё.

▸ Муж: Правда? Я стал отцом. Не верится.
뮤즈: 쁘라브다? 야 쓰딸 옷촘. 녜 베릿샤.
남편: 정말이에요? 나 아버지가 됐어요. 믿어지지 않네요.
Джонмариэё? На аоджига двессоё. Мидоджиджи анхнэё.

▸ Врач: 2 недели как беременна. Теперь надо быть осторожной.
브라츠: 드베 네델리 깍 베레멘나. 쩨뻬리 나도 브찌 오쓰또로즈노이.
의사: 임신한지 2주 됐어요. 지금부터 조심하셔야 됩니다.
Имщинханджи иджу двессоё. Джигым бутхо джощимхащёя двемнида.

Полезные диалоги

▸ **Муж: Дорогая, 2 недели как ты беременна.**
뮤즈: 도로가야,   드베 네델리   깍 뜨   베레멘나.
남편: 여보 임신 2주 됐어요.
Ёбо, имщин иджу двессоё.

▸ **Жена: Правда? Очень хорошо. Как удачно.**
제나: 쁘라브다?   오첸   호로쇼.   깍   우다츠노.
아내: 정말이에요? 너무 좋아요. 참 잘 됐어요.
Джонмариэё? Ному джохаё. Чам джаль двессоё.

▸ **Муж: С сегодняшнего дня ни в коем случае не поднимай тяжести и груз.**
뮤즈: 쓰   쎄고드냐쉬네고   드냐 니 브꼬옘   쓸루차예   녜
            쁘니마이   짜제스찌   이 그루즈.
남편: 오늘부터 무거운 물건, 짐 절대로 들지 마세요.
Оныль бутхо мугоун мульгон, джим джольтеро дыльджи масэё.

▸ **Жена: Что сказал врач?**
제나: 츠또   쓰까잘   브라츠?
아내: 의사 선생님이 무엇이라 하셨어요?
Ыйса сонсенними муощира хащёссоё?

▸ **Муж: Нельзя принимать лекарства, во всём быть осторожной.**
뮤즈: 넬쟈   쁘리니마찌   레까르쓰뜨와,   워 브숌   브찌
            오쓰또로즈노이.
남편: 약을 함부로 먹지 않아야 하고, 매사에 조심하래요
Ягыль хамбуро мокти анхая хаго, месаэ джощимхареё.

▸ **Жена: Это я знаю.**
제나: 에또   야 즈나유.
아내: 이 걸 알아요.
И голь араё.

- **Муж**: Врач сказал надо принимать средства с железом,
  뮤즈: 브라츠 쓰까잘 나도 쁘리니마찌 쓰롓쓰뜨와 쓰 젤레좀,

  кальцием, чтобы в рационе были питательные
  깔치옘, 츠또브 브 라치오네 블리 삐따쩰느예

  вещества.
  베쉐쓰뜨와.

  남편: 의사 선생님이 철분, 칼슘, 영양제를 먹어야 한데요.
  Ыйса сонсенними чольбун, кальщюм, ёнянджерыль могоя хандэё.

- **Жена**: Ради нашего ребёнка буду кушать много.
  제나: 라디 나쉐고 레본까 부두 꾸샤찌 므노고.
  아내: 우리 아기를 위해 많이 먹을게요.
  Ури агирыль вихе мани могылькеё.

- **Муж**: Да, я куплю тебе всё что захочешь поесть.
  뮤즈: 다, 야 꿉류 쩨베 브쇼 츠또 자호체쉬 뽀예쓰찌.
  남편: 응, 먹고 싶은 거 많이 사 줄게요.
  Ын, мокко щипхын го мани саджулькеё.

- **Жена**: Спасибо, дорогой.
  제나: 쓰빠씨보, 도로고이.
  아내: 여보, 고마워요.
  Ёбо, гомавоё.

- **Муж**: За что? Разве мы чужие?
  뮤즈: 자 츠또? 라즈웨 므 추지예?
  남편: 뭘요? 우리가 남인가요!
  Мольё? Урига намингаё!

- **Жена**: Да я не об этом, от души благодарна.
  제나: 다 야 녜 옵 에똠, 옷 두쉬 블라고다르나.
  아내: 그 의미가 아닌데요, 진짜 고마워서 그래요.
  Гы ыймига аниндэё, джинтя гомавосо гыреё.

Полезные диалоги

▸ Муж: Это я должен тебя благодарить.
뮤즈:　　에또　야　돌젠　　쩨뱌　블라고다리찌.
남편: 오히려 내가 고마워해야지요.
Охирё нэга гомавохеяджиё.

▸ Жена: Пойдём домой позвоним маме.
제나:　　뽀이돔　　도모이　뽀즈워님　　마메.
아내: 집에 가서 엄마에게 전화해요.
Джибе гасо оммаэге джонхвахеё.

▸ Муж: Хорошо, мама, папа, вся семья будут рады.
뮤즈:　　호로쇼,　　마마,　　빠빠,　브샤 쎄미야　부듯　　라드.
남편: 응, 어머니, 아버지 온가족 다 기뻐하시겠어요.
Ын, омони, абоджи, онгаджок да гипохащигессоё.

▸ Жена: Когда надо опять прийти в больницу?
제나:　　꼬그다　　나도　오빠찌　쁘리이찌　브 볼니추?
아내: 언제 병원에 또 와요?
Ондже бёнвонэ то ваё?

▸ Муж: Если ты будешь здорова, ребёнок будет нормально
뮤즈:　　예쓸리　뜨 부데쉬　즈도로와,　레뵤녹　부젯　노르말노

　　　расти　придём в больницу через месяц.
　　　라쓰찌　쁘리돔　브 볼니추　　체레즈　메샤츠.
남편: 당신 건강하고 우리 아기가 잘 자라면 한 달 후에 병원에 다시 와요.
Данщин гонганхаго ури агига джаль джарамён хан даль хуэ бёнвонэ дащи ваё.

제13과 교통 (Движение)

- Извините, можно спросить?
  이즈위니쩨, 모즈노 쓰쁘로씨찌?
  실례하지만 말씀 좀 묻겠습니다.
  Щилледжиман мальсым джом муткессымнида.

- Где туалет?
  그제 뚜알렛?
  화장실이 어디에요?
  Хваджанщири одыэё?

- Вон там.
  원 땀.
  저기에 있어요.
  Джогиэ иссоё.

- Туалет на улице.
  뚜알렛 나 울리체.
  화장실 밖에 있어요.
  Хваджанщиль баке иссоё.

- Далеко отсюда?
  달레꼬 옷슈다?
  여기서 멀어요?
  Ёгисо мороё?

- Пешком 5 минут.
  뻬쉬꼼 빠찌 미눗.
  걸어서 약 5분입니다.
  Горосо обунимнида.

Полезные диалоги

▸ Что это за местность?
츠또   에또 자 메쓰뜨노쓰찌?
여기가 어디죠?
Ёгига одыджё?

▸ Я заблудилась.
야 자블루딜라쉬.
길을 잃어버렸어요.
Гирыль ирхоборёссоё.

▸ Вы хорошо знаете эту местность?
브,   호로쇼   즈나예쩨 에뚜 메쓰뜨노쓰찌?
이 지방을 잘 아세요?
И джибаныль джаль асэё?

▸ Как отсюда добраться до туда?
깍   옷슈다   도브랏샤   도 뚜다?
여기서 거기에 어떻게 가요?
Ёгисо гогиэ отокхе гаё?

▸ Езжайте туда на автобусе.
예즈자이쩨 뚜다 나 아브또부쎄.
버스를 타고 가세요.
Босырыль тхаго гасэё.

▸ На какой автобус надо сесть?
나   까꼬이   아브또부쓰 나도   쎄씨찌?
몇 번 버스를 타면 돼요?
Мёт бон босырыль тхамён двеё?

▸ Можно сесть на автобус номер 100.
모즈노   쎄씨찌 나 아브또부쓰 노메르   쓰또.
100번 버스를 타면 돼요.
Бек бон босырыль тхамён двеё.

- Скажите, где ближайшая больница?
  쓰까지쩨   그제 블리자이샤야   볼니차?
  가장 가까운 병원이 어딘지 말씀해 주세요.
  Гаджан гакаун бёнвони одынджи мальсым хеджусэё.

- Подскажите как пройти в мэрию.
  뽀쓰까지쩨   깍   쁘로이찌 브 메리유.
  시청으로 가는 길을 좀 가르쳐 주세요.
  Щичоныро ганын гирыль джом гарычёджусэё.

- Здесь поблизости есть рынок?
  즈데쉬   뽀블리조쓰찌   예쓰찌 르녹?
  이 근처 시장이 있어요?
  И гынчо щиджани иссоё?

- Хочу пойти на рынок.
  호추   뽀이찌   나   르녹.
  시장에 가고 싶어요.
  Щиджане гаго щипхоё.

- Как пройти на рынок?
  깍   쁘로이찌   나   르녹?
  시장에 어떻게 가요?
  Щиджане отокхе гаё?

- Идите по этой дороге прямо.
  이디쩨   뽀 에또이 도로게   쁘랴모.
  이 길로 똑 바로 가세요.
  И гильо ток баро гасэё.

- На углу поверните направо.
  나   우글루   뽀웨르니쩨   나쁘라워.
  모퉁이에서 우회전해서 가세요.
  Мотхуниэсо ухведжонхесо гасэё.

Полезные диалоги

- Рынок находится напротив почты.
  르녹 나호딧샤 납로찌프 뽀츠뜨.
  시장은 우체국 건너편에 있어요.
  Щиджанын учегук гоннопхёнэ иссоё.

- Пойдемте вместе со мной?
  뽀이듐쩨 브메쓰쩨 소 므노이?
  저랑 함께 가시죠?
  Джоран хамке гащиджё?

- Подскажите как пройти к станции метро.
  뽀드쓰까지쩨 깍 쁘로이찌 끄 쓰딴치이 메트로.
  지하철역으로 가는 길을 가르쳐 주세요.
  Джихачольёгыро ганын гирыль гарычёджусэё.

- Дайте два билета до Сеула.
  다이쩨 드와 빌레따 도 세울라.
  서울 두 장 주세요.
  Соуль ду джан джусэё.

- Где посадка?
  그제 뽀샅까?
  어디서 타요?
  Одысо тхаё?

- Оттуда можно добраться на метро?
  옷뚜다 모즈노 도브라찌샤 나 메트로?
  그 곳에서 지하철로 갈 수 있어요?
  Гы госэсо джихачольро галь су иссоё?

- Можно добраться на метро и на такси.
  모즈노 도브라찌샤 나 메트로 이 나 딱씨.
  지하철로 가도 되고 택시로 가도 돼요.
  Джихачольло гадо двего тхэкщиро гадо двеё.

▸ Не надо пересаживаться?
네 나도 뻬레사지왓사?
중간에 안 갈아 타도 되죠?
Джунганэ ан гаратхадо дведжё?

❖ 택시를 탈 때 목적지만 말하면 됩니다.
(В такси можно назвать только пункт назначения)

▸ Клиент: Отвезите на центральный рынок.
끌리옌뜨: 옷웨지쩨 나 첸뜨랄느이 르녹.
손님: 중앙시장으로 가주세요.
Сонним: Джунанщиджаныро гаджусэё.

▸ Таксист: Приехали.
딱씨쓰뜨: 쁘리예할리.
택시기사: 다 왔어요.
Тхэкщигиса: Да вассоё.

▸ Клиент: Остановите здесь.
끌리옌뜨: 오쓰따노위쩨 즈데쉬.
손님: 여기서 내려 주세요.
Ёгисо нэрёджусэё.

▸ Таксист: До свидания.
딱씨쓰뜨: 도 쓰위다니야.
택시기사: 안녕히 가세요.
Аннёнхигасэё.

▸ Клиент: Спасибо. До свидания.
끌리옌뜨: 쓰빠씨보. 도 쓰위다니야.
손님: 감사합니다. 안녕히 가세요.
Гамсахамнида. Аннёнхигасэё.

Полезные диалоги

제14과 남편이 늦게 집에 오니까 아내가 삐질 때
(Ситуация когда муж поздно вернулся домой, жена обиделась)

▸ **Муж: Мне всё в тебе нравится, но было бы лучше если бы ты не обижалась.**
뮤즈: 므네 브쑈 브쩨베 느라윗샤, 노 블로 브 루츠쉐 예슬리
브 뜨 녜 오비잘라쉬.

남편: 당신은 다 예쁜데 잘 안 삐졌으면 더 좋겠어요.
Данщинын да йепындэ джаль ан пиджёссымён до джокхессоё.

▸ **Жена: Это потому что Вы вернулись поздно домой.**
제나: 에또 뽀또무 츠또 브 베르눌리쉬 뽀즈노 도모이.
아내: 당신이 집에 늦게 오니까 그렇죠.
Данщини джибе нытке оника гырохджё.

▸ **Муж: Надо же знать из-за чего обижаться.**
뮤즈: 나도 제 즈나찌 이자 체고 오비자쨔샤.
남편: 알고 삐져야지요.
Альго пиджояджиё.

▸ **Жена: Что надо знать?**
제나: 츠또 나도 즈나찌?
아내: 뭐 알라고 그러셔요?
Мо альлаго гырощёё?

▸ **Муж: В Корее очень много собраний, поэтому иногда поздно возвращаюсь домой.**
뮤즈: 브 꼬레예 오첸 므노고 소브라니이, 뽀에또무 이노다
뽀즈노 워즈브라샤유쉬 도모이.
남편: 한국은 모임이 많아서 가끔 집에 늦게 들어 올 때도 있어요.
Хангугын моими манхасо гакым джибе нытке дырооль тэдо иссоё.

- **Жена: Если поздно возвращаетесь заранее позвоните.**
  제나: 예슬리   뽀즈노   워즈브라샤예쩨쉬   자라네예   뽀즈워니쩨.

  아내: 늦게 오시면 미리 전화하세요.
  Нытке ощимён мири джонхвахасэё.

- **Муж: Иногда это невозможно, войди в моё положение.**
  뮤즈: 이녹다   에또   네워즈모즈노,   워이디   브 모요   뽈로제니예.

  남편: 가끔 그렇지 못할 때도 있으니까 이해 해 주세요.
  Гакым гырохчи мотхаль тэдо иссыника ихеходжусэё.

- **Жена: Понимаю, но так часто не задерживайтесь.**
  제나: 뽀니마유,   노 딱   차쓰또   녜   자데르지와이쩨쉬.

  아내: 이해하는데 자주 하면 안돼요.
  Ихеханындэ джаджу хамён ан двеё.

- **Муж: Спасибо за понимание.**
  뮤즈: 쓰빠씨보   자   뽀니마니예.

  남편: 이해 해 줘서 고마워요.
  Ихеходжосо гомавоё.

- **Жена: Не пейте много на вечеринках.**
  제나: 녜   뻬이쩨   므노고   나   웨체린까흐.

  아내: 밖에서 술 많이 드시고 오시면 안돼요.
  Бакесо суль мани дыщиго ощимён ан двеё.

- **Муж: Ладно. Ты переживаешь что я выпью и сделаю оплошность?**
  뮤즈: 라드노.   뜨   뻬레지와예쉬   츠또   야   브삐유   이   쓰델라유

  오쁠로쉬노쓰찌?

  남편: 알았어요. 술 먹고 실수 할까봐 그렇지요?
  Арассоё. Суль мокко щильсу халька ба гырохчиё?

Полезные диалоги

- Жена: Да, теперь Вы знаете почему я обиделась в прошлый раз?
  제나: 다, 쩨뼤리 브 즈나예쩨 뽀체무 야 오비델라쉬 브 쁘로쉴르이 라즈?

  아내: 그래요, 이제 왜 전번에 삐졌는지 알았겠죠?
  Гыреё, идже ве джонбонэпиджоннынджи альгеттиё?

- Муж: Я же поэтому извинялся.
  뮤즈: 야 제 뽀에또무 이즈위날샤.

  남편. 그래서 미안했잖아요.
  Гыресо мианхехеттянаё.

- Жена: Почему Вы иногда ночевали не дома, а в другом месте?
  제나: 뽀체무 브 이녹다 노체왈리 녜 도마, 아 브 드루곰 메쓰쩨?

  아내: 왜 가끔 집에서 안자고 다른 데서 잤어요?
  Ве гакым джибесо ан джаго дарын дэсо джассоё?

- Муж: В Корее когда у близких друзей умирают родители всю ночь вместе находятся в морге.
  뮤즈: 브 꼬레예 꼭다 우 블리즈끼흐 드루제이 우미라윳 로디쩰리 브슈 노치 브메쓰쩨 나호댯샤 브 모르게.

  남편: 한국에서 친한 친구의 부모님이 돌아가시면 빈소에서 밤을 같이 새요.
  Хангугесо чинхан чингуый бумоними дорагащимён бинсоэсо бамыль гачи сэё.

- Жена: А, вот как. Я не знала. Очень хорошая традиция.
  제나: 아, 봇 깍. 야 녜 즈날라. 오첸 호로샤야 뜨라디치야.

  아내: 아, 그렇구나. 저 몰랐어요. 정말 좋은 관습이에요.
  А, гырокхуна. Джо моллассоё. Джонмаль джохын гвансыбиэё.

- Муж: По возможности я не буду спать в другом месте.
  뮤즈: 뽀 워즈모즈노쓰찌 야 녜 부두 쓰빠찌 브드루곰 메쓰쩨.
  남편: 될 수 있으면 다른데서 자지 않을게요.
  Двель су иссымён дарындэсо джаджи анхылькеё.

- Жена: Я боюсь спать одна.
  제나: 야 보유쉬 쓰빠찌 오드나.
  아내: 혼자 자면 무서워요.
  Хонджа джамён мусовоё.

- Муж: Хорошо. Впредь не буду оставлять тебя ночевать одну, так что не обижайся.
  뮤즈: 호로쇼. 브쁘레디 녜 부두 오쓰따블랴찌 쩨뱌 노체와찌
  오드누, 딱 츠또 녜 오비자이쌰.
  남편: 알았어요. 앞으로 혼자 자게 하지 않으니까 많이 삐지지 마세요.
  Арассоё. Апхыро хонджа джаге хаджи анхыника мани пиджиджимасёё.

- Жена: Мы же договорились понимать друг друга.
  제나: 므 제 도고워릴리쉬 뽀니마찌 드룩 드루가.
  아내: 우리 서로 이해하는 마음으로 살기로 했잖아요.
  Ури соро ихеханын маымыро сальгиро хеттянхаё.

- Муж: Давай будем откровенны друг с другом.
  뮤즈: 다와이 부뎀 옷끄로웬느 드룩 쓰 드루곰.
  남편: 우리 숨김없이 모든 걸 다 털어 놓고 말하자.
  Ури сумгим опщи модынголь да тхоронокхо мальхаджа.

- Жена: Да, давайте договоримся не злиться по мелочам.
  제나: 다, 다와이쩨 도고워림샤 녜 즐리찌샤 뽀 멜로참.
  아내: 네, 툭하면 화내지 않기로 약속하자.
  Нэ, тхукхамён хванэджи анкхиро яксокхаджа.

Полезные диалоги

▸ **Муж: Пока нам трудно общаться давай не будем**
뮤즈: 뽀까   남   뜨룬노   옵샤찌샤   다와이   네   부뎀

   ссориться, а сначала позвоним переводчику.
   쏘리찌쌰,   아 쓰나찰라   뽀즈워님   뻬레웓치꾸.

남편: 말이 아직 안 통하니까 싸우는 거 대신 통역관에게 먼저 전화하자.
Мари аджик ан тхонханика саунынын го дэщин тхонёкгванэге монджо джонхвахаджа.

▸ **Жена: Хорошо, уже поздно, спите.**
제나: 호로쇼,   우제   뽀즈노,   쓰삐쩨.

아내: 네 알겠어요, 늦었으니까 자요.
Нэ, альгессоё, ныджоссыника джаё.

제4부 부록
Часто употребляемая лексика

- I. 상호간의 호칭 (Взаимное обращение)

- II. 개인의 예절 (Личный этикет)

- III. 국기 및 국가에 대한 예절
  (Этикет по отношению к флагу и гимну)

Ⅰ. 상호간의 호칭 (Взаимное обращение)

1. 자기에 대한 호칭 (О себе)

① 저, 제: 웃어른이나 여러 사람에게 말 할 때.
   Я, мой: указание на самого себя при обращении к старшим или множеству собравшихся людей.

② 나: 같은 또래나 아랫사람에게 말할 때.
   Я: указание на самого себя при разговоре между ровесниками или при обращении к младшему по возрасту или должности.

③ 우리, 저희: 자기 쪽을 남에게 말할 때.
   Мы, наши: при указании чужим лицам своей личности.

2. 부모에 대한 호칭 (Обращение к родителям)

① 아버지.어머니: 자기 부모를 직접 부르고 지칭하거나 남에게 말할 때.
   Отец, мать: при прямом обращении к своим родителям или в разговоре с другими лицами о них.

② 아버님, 어머님: 남편의 부모를 직접 부르고 지칭하거나 남에게 말할 때, 또는 남에게 그 부모님을 말할 때.
   Отец, мать: при обращении к родителям мужа или в разговоре с другими лицами о них.

③ 애비, 에미, 아범, 어멈: 부모의 어른에게 자기의 부모를 말할 때, 부모가 자녀에게 자기를 지칭할 때, 또는 할아버지나 할머니가 손자.손녀에게 그 부모를 말하거나 지칭할 때.

Мать, отец: указание родителей о себе в разговоре с детьми, бабушка и дедушка, указывая на родителей детей в разговоре с ними.

④ 아빠, 엄마: 말 배우는 아이가 자기의 보모를 부르거나 말할 때.
Мама, папа: дети, учащиеся говорить при обращении к родителям или в разговоре о них.

⑤ 가친(家親). 자친(慈親); 자기의 부모를 남에게 말할 때 한문식 지칭.
Иероглифическое указание на своих родителей в разговоре с другими людьми.

⑥ 춘부장(椿府丈). 자당(慈堂)님: 남에게 그의 부모를 말할 때.
При указании на родителей собеседника.

⑦ 부친(父親). 모친(母親): 남에게 다른 사람의 부모를 말할 때.
При указании другим лицам на родителей третьего лица.

⑧ 현고(顯考). 현비(顯妣): 축문이나 지방에 돌아가신 부모를 쓸때.
Хёнго, хёнби: при написании на праздничном послании или поминальной дощечке имён усопших родителей(после имени отца-хёнго, после имени матери-хёнби).

⑨ 선친(先親). 선비(先妣): 남에게 자기의 돌아가신 부모를 말할 때.
Сончин, сонби: при указании на своих усопших родителей в разговоре с другими лицами.

⑩ 선고장(先考丈). 대부인(大夫人): 남에게 그 돌아가신 부모를 말할 때.
Сонгоджан, дэбуин: в разговоре с другим лицом

указывая на его усопших родителей.

3. 형제자매간의 호칭
(Обращения между братьями и сестрами)

① 언니: 여동생이 여자 형을 부를 때.

Сестра(Онни): обращение младшей сестры к старшей.

② 형님: 기혼 남동생이 형을 부를 때, 또는 아랫동서가 손위동서에게 부를 때.

Старший брат(Хённим): обращение женатого младшего брата к старшему, или младшей золовки к старшей.

③ 형: 집안의 어른에게 형을 부를 때.

Старший брат(Хён): при упоминании о старшем брате в разговоре со старшими членами семьи.

④ 백씨(白氏. 중씨(仲氏. 사형(舍兄):자기의 형을 남에게 말할 때.

Бекщи, джунщи, сахён: при упоминании о своём старшем брате в разговоре с третьими лицами.

⑤ 애. 이름. 너: 미혼이나 10년 이상 연하(年下)인 동생을 부를 때.

Эй, имя, ты(Йе, ирым, но): при обращении к неженатым лицам или лицам на 10 лет младше.

⑥ 동생. 자네. 이름: 기혼이나 10년 이내 연하인 동생을 부를 때.

Младший, ты, имя(Донсен, джанэ, ирым): при обращении к неженатым лицам или лицам, младше в пределах 10лет.

⑦ 아우: 동생의 배우자나 남에게 자기의 동생을 말할 때.

Младший(Ау): супруг(а) младшего брата или сестры или при указании на своего младшего брата третьим лицам.

⑧ 아우님. 제씨: 남에게 그 동생을 말할 때.

Младший(Ауним, джещи): при указании на младшего брата третьим лицам.

⑨ 에미: 집안 어른에게 자녀를 둔 여동생을 말할 때.

Мамаша(Эми): при указании на младшую сестру, имеющую детей в разговоре со старшими членами семьи.

⑩ 오빠: 미혼 여동생이 남자형을 부를 때.

Старший брат(Опа): незамужняя младшая сестра при обращении к старшему брату.

⑪ 오라버님: 기혼 여동생이 남자형을 부를 때.

Старший брат(Орабоним): замужняя младшая сестра при обращении к старшему брату.

⑫ 오라비: 여동생이 집안 어른에게 남자형을 말할 때.

Старший брат(Ораби): при указании младшей сестрой на своего старшего брата в разговоре со старшими членами семьи.

⑬ 누나: 미혼 남동생이 누이를 부를 때.

Старшая сестра(Нуна): обращение неженатого брата к старшей сестре.

⑭ 동생. 자네: 손위 누이가 기혼인 남동생을 부를 때.

Младший, ты(Донсен, джанэ): обращение старшей сестры к своему младшему женатому брату.

4. 형제자매의 배우자에 대한 호칭
(Обращение к супругам сестер и братьев.)

① 아주머니. 형수님: 시남동생이 형의 아내를 부를 때.

Свояченица(Аджумони, хёнсуним): обращение младшего брата к супруге своего старшего брата.

② 아주미, 아지미, 형수: 집안 어른에게 형수를 말할 때.

Свояченица(Аджуми, аджими, хёнсу): при указании на свояченицу в разговоре со старшими членами семьи.

③ 형수씨: 남에게 자기 형수를 말할 때.

Свояченица(Хёнсущи): при указании на свояченицу в разговоре с третьими лицами.

④ 제수씨: 동생의 아내를 직접 부를 때.

Золовка(Джесущи): при прямом обращении к супруге своего младшего брата.

⑤ 제수: 집안 어른에게 동생의 아내를 말할 때.

Золовка(Джесу): при указании на супругу младшего брата в разговоре со старшими членами семьи.

⑥ 언니: 시누이가 오라비의 아내를 부를 때.

Сестра(Онни): обращение золовки к супруге старшего

брата.

⑦ 올케. 새댁. 자네: 시누이가 남동생의 아내를 부를 때.

Невестка(Олькхе, сэдэг, джанэ): обращение золовки к супруге младшего брата.

⑧ 댁: 집안 어른에게 남동생의 아내를 말할 때.

Невестка(дэг): при указании на супругу младшего брата в разговоре со старшими членами семьи.

⑨ 매부(妹夫) 매형(妹兄): 누님의 남편을 부를 때와 자매의 남편을 남에게 말할 때.

Свояк(Мебу, мехён): при обращении к супругу старшей сестры и при указании на мужей сестер в разговоре с третьими лицами.

⑩ 자형(姉兄): 오빠가 여동생의 남편을 부를 때.

Зять(Джахён): обращение старшего брата к мужу младшей сестры.

⑪ 서방, 자네: 언니나 오빠가 여동생의 남편을 부를 때.

Зять(Собан, джанэ): обращение старшей сестры или старшего брата к мужу младшей сестры.

⑫ 매제(妹弟): 누이동생의 남편을 남에게 말할 때.

Зять(Меджэ): в разговоре с третьими лицами при указании на мужа старшей или младшей сестры.

⑬ 형부(兄夫): 여동생이 언니의 남편을 부를 때.

Зять(Хёнбу): при обращении младшей сестры к мужу старшей сестры.

5. 기타 친척간의 호칭
   (Обращения между родственниками)

① 할아버지. 할머니: 조부모를 직접 부르거나 남에게 말할 때.

Дедушка, бабушка(Харабоджи, хальмони): непосредственное обращение или указание в разговоре с третьими лицами.

② 할아버님. 할머님: 남에게 조부모님을 말할 때와 남편의 조부모님을 부를 때.

Дедушка, бабушка(Харабоним, хальмоним): при указании в разговоре с третьими лицами или обращении к дедушке и бабушке супруга.

③ 대부(大父), 대모(大母): 자기의 직계존속과 8촌이 넘는 할아버지와 할머니를 부를 때.

Дэбу, Дэмо: при указании на дедушку и бабушку в поколении старше 8 по восходящей линии.

④ 큰아버지, 큰어머니, 몇째 아버지, 몇째 어머니, 작은아버지, 작은 어머니: 아버지의 형제와 그 배우자를 부르거나 말할 때. 이때 맏이는 큰. 막내는 작은. 기타 중간은 몇째를 붙인다. 이것은 형제 자매나 차례가 있는 친족의 칭호에 공통으로 쓰인다.

Старший отец, старшая мать(Кхын абоджи, кхын омони, мётте абоджи, мётте омони, джагын абоджи, джагын омони): обращение к братьям отца и их супругам или указании на них, при этом кхын-старший, джагын - младший, между ними называют по счёту в порядке возрастания. Также эти приставки универсально употребляются при обращении среди множества братьев и сестер.

⑤ 아저씨, 아주머니: 아버지와 4촌 이상인 아버지 세대의 어른과 그 배우자를 부를 때.

Дядя, тётя(Аджощи, аджумони): обращение к родственникам и их супругам отца в поколении старше 4, ровесникам отца по возрасту.

⑥ 고모, 고모부: 아버지의 자매와 그 배우자를 부를 때

Дядя, тётя(Гомо, гомобу): обращение к сестрам отца и их супругам.

⑦ 외숙, 외고모: 어머니의 형제와 그 배우자를 부를 때.

Дядя, тётя(Весуг, вегомо): обращение к братьям матери и их супругам.

⑧ 이모, 이모부: 어머니의 자매와 그 배우자를 부를 때.

Дядя, тётя(Имо, имобу): обращение к сестрам матери и их супругам.

6. 이웃간의 호칭(Обращение между соседями:)

① 어르신, 어르신네: 부모의 친구. 친구의 부모, 또는 부모같이 나이가 많은 남녀 어른(자기보다 16년 이상 연상자.

Уважаемый(Орыщин, орыщиннэ): обращение к друзьям родителей, родителям друзей, или сверстникам родителей(старше говорящего на 16лет).

② 선생님: 자기가 존경하는 웃어른이나 직업이 선생님 남녀어른.

Учитель: уважаемый старший по возрасту человек(мужчина, женщина) или учитель по профессии.

③ 형님, 형: 자기와 6~10년 사이에 드는 연상. 연하자와의 상호 칭호.

Старший брат, брат(Хённим, хён): человек старше говорящего на 6-10лет.

④ 선배님, 선배: 학교 선배나 같은 일을 하는 연장자.

Сонбеним, сонбе: старший по курсу(классу) или старший среди коллег.

⑤ 이름, 자네: 상하 10년 이내의 연령차로서 친숙한 사이.

Обращение по имени(Ирым, джанэ): обращение друг к другу людей, в близких отношениях с разницей в возрасте в пределах 10 лет.

⑥ ○○님: 상대가 위치한 직책명에 님을 붙인다.

(ООним): говорящий приставляет окончание-ним к званию, должности в знак уважения.

⑦ ○○아버님: 친구나 잘 아는 사람과의 관계로 부르기도 한다.

(ООабоним): обращение между друзьями или хорошо знающими друг друга людьми.

⑧ 너, 이름, 얘: 미성년자나 아이들 또는 어린 사람들이 친구끼리 말할 때.

Ты, имя, эй(но, ирым, йе): обращение к несовершеннолетним, детям, или между младшими друг к другу.

⑨ 잘 모르는 사람에 대한 호칭

  Обращение к незнакомым людям

⑩ 노인 어른, 노인장: 60세 이상의 남녀 노인.

  Пожилой человек, старик(Ноин орын, ноинджан): пожилые люди старше 60лет.

⑪ 어르신, 어르신네: 자기부모님 같이 나이가 많은 남녀어른.

  Орыщин, орыщиннэ; пожилые люди в возрасте родителей.

⑫ 선생님: 자기가 존경할 만큼 점잖거나 나이가 많은 남녀.

  Учитель: обращение к очень уважаемому человеку или человеку в возрасте.

⑬ 형씨: 자기와 동년배인 남자끼리.

  Хёнщи: между мужчинами-сверстниками

⑭ 댁: 형씨가 부르는 동서간이나 이성간.

  Дэг: обращение между золовками

⑮ 학생: 학생신분인 남녀.

  Ученик: школьники(девочки и мальчики).

Ⅱ. 개인의 예절(Личный этикет)

1. 서 있을 때의 예절(Этикет в положении стоя)

  ① 발을 편하게 약간 옆으로 벌리되 앞뒤로 엇갈리지 않도록 한다.

Ноги расставить слегка в стороны в удобном положении, но так чтобы не было сильного расхождения вперед назад.

② 무릎과 엉덩이. 허리를 자연스럽고 곧게 편다.

Выпрямить естественным образом спину, колени и ягодицы.

③ 체중을 두 다리에 고르게 실어 몸이 한쪽으로 기울지 않도록 한다.

Распределить вес тела равномерно на обе ноги, чтобы тяжесть не перевешивала на одну сторону.

④ 두 손은 앞으로 모아 잡는다.

Две руки сложить перед собой.

⑤ 가슴을 자연스럽게 편다.

Грудь естественно расправить.

⑥ 두 어깨는 수평이 되도록 반듯하게 해서 앞으로 굽혀지거나 뒤로 젖혀지지 않도록 한다.

Плечи расправить в горизонтальном положении, чтобы они не выдавались вперёд или назад.

⑦ 고개는 반듯하게 들고 자연스럽게 앞으로 당긴다.

Голову поднять прямо и вперёд.

⑧ 눈은 곱게 뜨고 시선은 자신의 정면 위쪽에 둔다.

Глазами смотреть прямо и взор обратить прямо и вверх перед собой.

⑨ 입은 자연스럽게 다문다.

Рот естественным образом прикрыть.

Блок

2. 앉아 있을 때의 예절(Этикет в положении сидя)

① 어른의 정면에 앉지 않고 되도록 남자는 어른의 왼쪽 앞 여자는 어른의 오른쪽 앞에 앉는다.

Не принято садиться прямо перед старшим, по возможности мужчине надо сесть слева чуть впереди старшего, а женщине справа чуть впереди от старшего.

② 어른께서 먼저 앉으라고 한 뒤에 앉는다.

Садятся только после приглашения старшего присесть.

③ 먼저 왼쪽 무릎을 꿇고 다음에 오른쪽 무릎을 꿇어앉는다.

Сначала сгибают левое колено, затем правое.

④ 두 손을 가지런히 펴서 두 무릎위에 얹거나, 모아 잡은 손을 남자는 중아에 여자는 오른쪽 다리 위에 놓으면 보기 좋다.

Две руки вытягивают и кладут сверху на колени, либо сжав в замок мужчина кладет посередине, а женщина сверху на правую ногу.

⑤ 입고 있는 옷이 앉은 주위에 함부로 펼쳐지지 않도록 다독거려 갈무리 한다.

Одежду поправляют так, чтобы она не свисала вокруг.

⑥ 허리를 펴서 앉은 자세를 바르게 한다. 시선은 15도 각도로 아래를 본다.

Выпрямить спину и сидеть в правильной позе. Взгляд должен быть направлен вниз под углом 15 градусов.

⑦ 방석에 앉을 때에는 방석을 발로 밟지 않도록 주의 한다.

Когда садятся на подушечку, стараются на неё не наступать.

⑧ 왼쪽 무릎을 꿇기 전에 두 손으로 방석을 당겨 무릎 밑에 반듯하게 넣으면서 방석위에 무릎을 꿇는다.
Перед тем как согнуть левое колено двумя руками подтягивают подушечку и подкладывают под колени и затем садятся на колени.

⑨ 방석의 중에 앉되 발끝이 방석의 뒤편 걸쳐지게 앉는다.
Садясь на подушечку, надо сесть так, чтобы ноги задевали заднюю сторону подушечки.

⑩ 일어설 때에는 무릎을 들면서 두 손으로 방석을 원래 자리에 밀어 놓는다.
Вставая приподнимают колени и двумя руками кладут подушечку на прежнее место.

⑪ 어른이 편히 앉으라고 하면 편히 앉는다. 이때 벽이나 가구에 기대거나 손으로 바닥을 짚고 비스듬히 앉지 않도록 주의하며, 다리를 뻗고 앉지 않는다.
Если старший приглашает удобно присесть, то надо так и сделать. При этом стараются сесть не задевая стены, не прислоняться к мебели, не задевать пол руками, не садиться криво, не вытягивать ноги.

⑫ 의자에 앉을 때에는 의자 옆에서 바른 자세로 정면을 향해 선 다음 의자 쪽으로 몸을 약간 돌리면서 의자 쪽의 손으로 의자의 등받이를 잡아 의자가 흔들리지 않게 한다.
При посадке на стул сначала надо встать возле стула прямо по направлению перед собой слегка развернуть

тело к стулу, опершись на спинку рукой, находящейся ближе к стулу убедиться, что стул не шатается.

⑬ 앉을 때에는 의자가 밀려 흔들리지 않도록 두 손으로 의자의 양 옆이나 팔걸이를 잡고 가만히 앉는다.

Садясь, двумя руками придерживаются за края или за подлокотники стула по обе стороны, чтобы стул не сдвигался и не шатался.

⑭ 두 무릎과 발끝을 붙이고 앉아 두 손은 포개 잡고 다리위에 얹으며, 등은 뒤에 깊이 기대지 말고 곧게 세워 앉는다.

Сев, надо сдвинуть вместе оба колена и пятки ног, соединив и наложив две руки друг на друга опустить на ноги, спину выпрямить и не прислонять плотно к спинке стула.

3. 걸을 때의 예절(Этикет при ходьбе)

① 양발 발뒤꿈치를 살짝 들고 걷는다.

Идти надо слегка приподнимая пятки обеих ног.

② 옷자락이 펄럭이지 않게 잘 여미며 걷는다.

Шагать, придерживая полы одежды так, чтобы они не разлетались в стороны.

③ 너무 느리게 걸어 주위 사람들의 보행에 방해를 주어서도 안된다.

Нельзя шагать очень медленно, создавая при этом неудобство для других пешеходов.

④ 실내에서 걸을 때에는 보폭을 실외에서보다 좁게 한다.

При ходьбе в помещении шаги делают уже, чем при ходьбе вне помещения.

⑤ 여자가 한복을 입을 때에는 발끝으로 치맛자락을 사뿐히 차듯이 밀며 걷는다.

В случае, когда женщина надевает Ханбок, шагая, она должна кончиками ног мягко приподнимать полы юбки, слегка выталкивая их.

⑥ 계단을 오르내릴 때에는 옷자락을 들고 잘 여며서 밟히지 않도록 한다.

При подъеме и спуске с лестницы приподнимают и придерживают полы одежды так, чтобы не наступить на них.

⑦ 남의 앞을 가로 지날 때에는 반드시 '실례합니다', '죄송합니다' 라고 양해를 구한 뒤, 남의 몸에 부딪치거나 옷이 스치지 않게 주의하면서 민첩하게 걷는다. 또한 상대에게 정면으로 뒷모습을 보이지 않게 한다.

При обгоне впереди идущего обязательно обращаются к нему со словами "Извините", "Простите", и после этого обгоняют его, стараясь не задеть и не столкнуться с ним, либо не задеть его одеждой.

4. 출입할 때의 예절(Этикет при входе выходе)

① 출입할 때에는 노크를 하거나 인기척을 내어 안에 있는 사람이 알도록 한다.

При входе выходе слегка стучат в дверь или дают знать находящемуся внутри о своём присутствии.

② 문을 열고 닫을 때에는 두 손으로 한다.

Дверь открывают и закрывают двумя руками.

③ 안으로 들어가거나 나올 때에는 문턱(문지방)을 밟지 않는다.

При входе и выходе через дверь не наступают на порог.

④ 방안의 사람에게 될 수 있는 대로 뒷모습을 보이지 않는다.

Стараются по возможности не показывать находящемуся внутри человеку своего вида сзади.

⑤ 문은 가능한 소리나지 않게 여닫으며, 걷는 발소리도 나지 않게 한다.

Дверь открывают и закрывают по возможности беззвучно, шагают так, чтобы не было слышно шагов.

⑥ 문을 필요 이상으로 넓게 열지 말고 문을 열어 놓은 채 다른 일을 하지 않는다.

Дверь не открывают широко(за исключением необходимости) и не делают других действий при открытой двери.

⑦ 여닫이문은 살짝 밀어서 닫는다.

Створки дверей закрывают слегка подталкивая.

⑧ 미닫이문은 여닫을 때에는 두 손으로 잡아당겨 열고 닫는다.

Раздвижные двери открывают и закрывают толкая двумя руками.

5. 물건을 다룰 때의 예절(Этикет при пользовании вещами)

① 물건은 소리 나지 않고 상하지 않게 다룬다.

При пользовании какими-либо предметами стараются использовать их бесшумно и так, чтобы они не повредились.

② 물건의 아래와 위, 속과 겉이 바뀌지 않게 다룬다.

Пользуются предметами так, чтобы при этом не спутались верх, низ, внутреннее и внешнее содержание.

③ 물건은 두 손으로 다루는 것을 원칙으로 한다.

Принимают за правило пользоваться предметами двумя руками.

④ 물건을 바닥에 놓을 때에나 바닥에서 들 때에는 앉아서 놓거나 둔다.

При опускании предметов на пол или поднятии с пола выполняют эти действия присев.

⑤ 칼이나 송곳 등 위험한 물건을 나에게 줄때에는 상대편이 손잡이를 잡기 편하도록 집어준다. 신문이나 책 등을 건네 줄 때에는 상대편에서 바르게 보이도록 한다.

При передаче другому лицу ножа или шила подают предмет ручкой к получающему, чтобы ему было удобно взять предмет. При подаче книги или газеты и т.д. подают так, чтобы печатный текст был виден не наоборот.

⑥ 앉은 사람에게는 앉아서 주고, 선 사람에게는 서서 준다.

Сидящему человеку подают предметы присев, а стоящему в положении стоя.

⑦ 앉아서 주는 물건은 앉아서 받고 서서 주는 물건은 서서 받는다.

Если предмет подается сидящим, то принимающий тоже должен взять предмет в положении сидя, если подающий стоит, то предмет получают в положении стоя.

⑧ 님에서 물건을 받을 때에는 두 손으로 공손히 받아서 조심스레 놓아둔다.

Получая предмет от другого лица почтительно берут его двумя руками и осторожно опускают на поверхность.

⑨ 대접할 음식을 담은 그릇은 음식이나 그릇의 안쪽에 손이 닿지 않게 하며, 상이나 쟁반으로 받친다.

При выкладывании блюда на тарелку или блюдце стараются не задевать внутренней поверхности посуды руками, посуда должна стоять на столе или разносе.

⑩ 바늘이나 핀같이 작은 물건은 큰 종이나 천에 찔러서 보관하며, 작거나 흐트러지기 쉬운 물건은 그릇에 담아서 보관한다.

Иголки и булавки хранят приколотыми на бумагу или кусочек ткани, мелкие или легко рассыпающиеся предметы хранят в таре.

6. 대화할 때의 예절(Этикет при диалоге)

① 대화 장소의 환경과 상대의 성격. 수준 등을 참작해 화제를 고른다.

Тему для разговора подбирают в соответствии с обстановкой в месте диалога, учитывая характер собеседника, уровень его образованности и т.д.

② 사투리보다는 표준말을, 외래어나 전문용어보다는 쉬운 우리말을, 거친말 보다는 고운 말을 쓴다.

Диалекту предпочтительна стандартная речь, вместо заимствованных слов, специализированных терминов лучше использовать родную речь, вместо резких слов мягкие красивые слова.

③ 감정을 편안하게 하고 표정은 온화하게 해서 말한다.

Говорить нужно в спокойном эмоциональном состоянии с мягким выражением лица.

④ 작거나 크게 말하지 말고, 조용하면서도 알아듣기 좋게 말한다.

Не надо говорить слишком громко или тихо, так чтобы было тихо, но внятно.

⑤ 발음을 정확하게 하고 속도를 조절해서 상대편이 이해하기 좋게 말하며, 상대가 정확히 이해하고 있는가를 살피면서 말한다.

Говорить надо чётко и регулировать скорость речи так, чтобы собеседник понимал о чем идет речь, говорить, наблюдая успевает ли усвоить собеседник сказанное Вами.

⑥ 상대가 질문하면 자상하게 설명하고 의견을 말하면 성의 있게 듣는다.

Если собеседник задает вопрос, надо подробно и доброжелательно ответить, а если высказывает своё мнение, надо внимательно и с интересом выслушать его.

⑦ 다른 사람이 이야기하는 도중에 말을 막거나 끼어들지 않고 의문이 있으면 말이 끝난 뒤에 묻는다.

Когда говорит собеседник нельзя его прерывать, либо вмешиваться в разговор, а если возникает вопрос, задать его после окончания речи собеседника.

⑧ 화제가 이어지도록 간결하게 요점을 말해 중언부언하지 않는다.

Чтобы тема разговора не прерывалась надо говорить сжато и лаконично, не говорить лишнего.

⑨ 평소의 대화는 자기주장을 지나치게 고집해서 분위기가 상하는 일이 없도록 한다.

При обычном разговоре надо стараться не настаивать сильно на своём мнении и упрямиться, создавая неприятную атмосферу.

⑩ 말은 귀로만 듣는 것이 아니라 표정, 눈빛, 몸으로도 듣는다는 자세를 갖고 상대가 알아차리도록 은근하면서도 확실한 반응을 보인다.

Надо слушать не только ушами, но и реагировать выражением лица, глаз, телодвижениями, спокойно, но выразительно показывая свою реакцию на слова говорящего.

⑪ 대화중에 자리를 뜰 때에는 양해를 구하고, 다른 사람에게 방해가 되지 않게 한다.

Если во время разговора требуется удалиться, надо попросить разрешения и сделать это так, чтобы не мешать остальным собеседникам продолжить беседу.

⑫ 대화를 마치고 난 뒤에는 상대에게 감사를 표한다.

После окончания беседы надо выразить благодарность собеседнику.

7. 전화할 때의 예절(Этикет при телефонном разговоре)

1) 전화를 걸 때(В случае если звоните Вы)

① 전화를 걸기에 앞서 상대의 전화번호를 확인하고, 용건을 미리 정리해 짧은 통화가 되게 한다. 만약 전화가 잘못 걸렸으면 정중하게 사과한다.

Перед тем как начать звонить надо проверить правильность номера телефона собеседника, заранее упорядочить основные детали разговора, так, чтобы разговор был непродолжительным. Если номер набран неверно, надо вежливо извиниться.

② 상대가 전화를 받으면 정확하게 연결되었는지 상대를 확인하고, 자기를 소개한다.

Если собеседник поднял трубку, надо убедиться в том, что это тот человек, с которым Вы намерены говорить и представиться.

③ 상대가 이쪽을 알아차리면 먼저 인사부터 하고 용건을 말한다.

Если собеседник узнал Вас надо поприветствовать его и высказать Ваши намерения.

④ 혹 다른 사람이 받았으면 정중하게 바꿔 주기를 청하고, 상대가 없으면 받은 사람에게 전해 줄 수 있는가를 정중하게 묻고 용건을 말한다.

Если трубку поднял другой человек надо вежливо

попросить его пригласить того, кто Вам нужен, а при его отсутствии вежливо спросить поднявшего трубку о его готовности передать информацию и огласить её.

⑤ 용건이 끝나면 정중하게 인사를 하고, 전화를 끊겠다고 말한 다음에 끊는다. 어른이 받았을 경우에는 어른이 먼저 끊는 것을 확인한 후에 끊는다.

Когда Вы закончите оглашение информации надо вежливо попрощаться и сказав, что Вы заканчиваете разговор положить трубку. В случае, если трубку взял человек старший по возрасту, то сначала надо убедиться, что он положил трубку и затем завершить звонок.

2) 전화를 받았을 때(В случае когда Вы взяли трубку)

① 신호가 울리면 수화기를 들고, 평온한 말투로 먼저 대답을 하고 자기를 소개한다.

Когда звонит телефонный звонок надо снять телефонную трубку и сначала спокойно отвечать на задаваемые вопросы и представиться.

② 전화를 건 사람이 확인되면 먼저 인사부터 한다.

После того как Вы убедились в том, кто звонит надо сначала поприветствовать его.

③ 다른 사람을 찾으면 친절하게 기다리라 말하고 바꾼다.

Если звонят кому-то другому надо вежливо попросить подождать и передать телефонную трубку.

④ 받을 사람이 없으면 그 사정을 설명하고, 대신 받아도 되겠느냐고 묻는다.

Если человек, которому звонят отсутствует, надо сообщить об этом звонящему и спросить можно ли заменить его.

⑤ 남에게 온 전화일 때에는 누가 언제 무슨 일로 전화를 했다는 통화 내용을 기록해서 전해준다.

О принятом для другого человека звонке надо передать информацию о том, кто, когда, по какому вопросу звонил и передать содержание разговора.

⑥ 통화가 끝나면 정중하게 인사하며, 가능하면 전화를 건 사람이 먼저 끊은 다음에 수화기를 내려놓는다.

По окончании разговора надо вежливо попрощаться и по возможности положить трубку после того того, как звонящий завершит звонок.

⑦ 잘못 걸려온 전화라도 친절하게 응대 한다.

Даже если звонок оказался ошибочным надо вежливо ответить.

8. 편지할 때의 예절(Этикет при написании письма)

① 편지를 쓸 때에는 직접 하는 대화 때보다 정중한 용어를 쓴다.

При написании письма в отличие от прямого диалога надо использовать вежливую речь.

② 편지의 내용을 쓰는 순서

Порядок написания содержания письма.

㉠ 첫머리에 편지를 받을 사람을 쓴다('형님 받아보세요' 등)

В начале письма пишут имя получателя(например "Для старшего брата" и т.д.)

㉡ 계절을 말하고 상대와 주변의 안부를 묻는다.

Упомянув о времени года поинтересоваться делами получателя и обстановкой вокруг него.

㉢ 자기의 안부를 전한다.

Изложить информацию о себе.

㉣ 용건을 말한다('아뢸 말씀은, 드리고자 하는 말씀은' 등)

Изложить цель написания письма("хотел бы поставить Вас в известность", "я хочу сообщить о" и т.д.)

㉤ 상대의 안녕을 빌며 끝맺음 한다.

Пожелать получателю благополучия и закончить.

㉥ 날짜를 쓰고 자기 이름을 쓴다.

Написать дату и своё имя.

③ 편지봉투에는 체신부에서 정한 규격봉투를 쓰며, 상대편의 주소와 이름을 정확하고 깨끗하게 쓴다.

Использовать письменный конверт стандартных размеров, чётко и чисто написать на нём адрес получателя и его имя.

④ 객지에 나가 있는 아들이 자기의 부모에게 편지를 쓸 때에는 봉투의 이름을 함부로 쓰지 않고 자기 이름을 쓰고 '본 집'이라고 쓰면 된다.

В случае, если сын пишет письмо к родителям из далекой от родины местности, на конверте в графе получателя нельзя указывать имена родителей, а пишется имя отправителя, а за ним "родной дом".

⑤ 상대편의 이름 밑에는 '귀하', '에게', '앞' 등을 격에 맞게 쓴다.
Под именем получателя надо приписать "уважаемый", "для", т.д. в соответствии с рангом.

⑥ 자기의 주소 성명도 분명하게 쓴다.
Четко и разборчиво написать свой адрес и инициалы.

9. 절할 때의 예절(Этикет при совершении поклона)

1) 공손한 자세를 취할 때의 손의 모양(Положение рук в момент принятия уважительной позы)

① 두 손을 앞으로 모아 잡고 다소곳하게 서든지 않는다.
Две руки сложить перед собой и смирно стоять или сесть.

② 남자가 평상시에 손을 모아 잡을 때에는 왼손이 위로 가게 두 손을 포개어 잡는다. 여자는 이와 반대로 오른 손이 위로가게 한다. 차례를 지낼 때에도 이와 같이 한다.
Мужчина обычно при скрещивании ладоней рук кладёт левую руку сверху. Женщина напротив кладёт правую руку поверх левой. Во время церемонии соблюдается этот же порядок.

③ 집안에서 상(喪)을 당하였을 때나 문상(問喪)을 갔을 때에는 남자는

오른손이 위로 가게 두 손을 포개어 잡으며, 여자는 왼손이 위로 가게 한다.

Когда в доме траур или при посещении для выражения соболезнований мужчина складывает ладони так, чтобы правая рука находилась поверх левой, а женщина кладёт левую руку поверх правой.

④ 소매가 넓은 예복을 입었을 때에는 포개어 잡은 손과 팔이 수평이 되게 올린다.

В случае, когда надет церемониальный костюм с длинными рукавами поднимают руки так, чтобы руки и наложенные друг на друга ладони находились в горизонтальной плоскости.

⑤ 소매가 좁은 평상복을 입었을 때에는 포개어 잡은 손의 엄지가 배꼽 부위에 닿도록 자연스럽게 앞으로 내린다.

Если надет обычный костюм с обычной длиной рукава, то руки свободно опускают перед собой так, чтобы большой палец наложенных друг на друга ладоней касался пупка.

⑥ 손을 포개어 잡고 앉을 때 손의 위치는 남자는 두 다리의 중앙에 얹고 여자는 오른쪽 다리 위에 얹으며, 남녀 모두 한쪽 무릎을 세우고 앉을 때에는 세운 무릎위에 얹는다.

Когда садятся с наложенными друг на друга руками мужчина должен положить руки посередине между ног, а женщина поверх правой ноги, если мужчина или женщина садятся и ставят одно колено, то руки кладут поверх поднятого колена.

2) 절하는 요령과 횟수(Навыки совершения поклона и их количество)

① 살아있는 사람에게 절을 할 때에 우리나라 전통 예절에서는 남자는 한 번. 여자는 두 번을 기본 횟수로 하였으나 오늘날에는 또 같이 한번으로 한다.

В случае, когда поклон предназначен для живого человека по корейской традиции принято, что мужчина кланяется один раз, женщина два раза, но в настоящее время одинаково кланяются один раз.

② 차례나 혼례 등의 의식행사와 죽은 사람에게는 기본 횟수의 2배. 즉 남자는 두 번. 여자는 네 번을 한다.

Во время церемониального обряда, бракосочетания и других церемоний усопшему кланяются в 2 раза больше чем в стандартной ситуации, таким образом мужчина 2 раза, а женщина 4.

③ 절을 할 수 없는 장소에서 절할 대상을 만났을 때에는 절을 하지 말고 경례로 대신 한다. 그러나 목례를 목례더라도 절을 할 수 있는 장소로 옮겼으면 절을 한다.

В местах, где поклон совершить невозможно, при встрече с человеком которому надо поклониться поклон не совершается, а его приветствуют склонением головы. Но даже после приветствия кивком головы при перемещении в помещение, где возможен поклон, он обязательно совершается.

④ 절을 할 수 있는 장소에서는 절할 대상을 만나면 지체없이 절한다. '앉으세요' '절 받으세요' 라고 말한다.

> При встрече с человеком, которому надо поклониться в помещении где поклон возможен, он осуществляется без замедления.

⑤ 맞절을 할 때에는 아랫사람이 아랫자리에서 먼저 시작해서 늦게 일어나고, 웃어른이 윗자리에서 늦게 시작해 먼저 일어난다.

> При осуществлении взаимного поклона младший по возрасту или званию делает поклон раньше и в месте по уровню ниже и поднимается с пола позже, а старший по возрасту или званию делает поклон в положении выше и начав поклон позже встаёт раньше.

⑥ 웃어른이 아랫사람의 절에 답배를 할 때에는 아랫사람이 절을 시작해 무릎을 꿇는 것을 본 다음에 시작해 아랫사람이 일어나기 전에 끝낸다. 비록 제자나 친구의 자녀 또는 자녀의 친구 16년 이하의 연하자라도 아랫사람이 성년이면 답배를 한다.

> При ответном поклоне старшего младшему по возрасту старший начинает поклон убедившись что младший преклонил колени и встает раньше чем младший закончит поклон и поднимется с колен. Несмотря на то, что кланяется ученик-последователь, или ребёнок друга, если разница в возрасте в пределах 16 лет, то старший по возрасту тоже должен сделать ответный поклон.

3) 남자가 절할 때의 예절(Этикет совершения поклона мужчиной)

① 손을 포개어 잡고 대상을 향해 선다.

Сложив руки поверх друг друга встать напротив принимающего поклон.

② 허리를 굽혀 포개어 잡은 손을 바닥에 짚는다(이때 손을 벌리지 않는다.

Согнув спину коснуться сложенными руками пола (при этом руки не разъединяют).

③ 왼쪽 무릎을 먼저 꿇은 후 오른쪽 무릎과 가지런히 꿇는다.

Согнув сначала левое колено симметрично согнуть правое.

④ 팔꿈치를 바닥에 붙이며 이마를 손등에 댄다. 이때 엉덩이가 들리지 않도록 한다.

Прижать локти к полу прикоснуться лбом к тыльной стороне ладони. При этом следить за тем, чтобы ягодицы не поднимались кверху.

⑤ 잠시 머물러 있다가 머리를 들며 팔꿈치를 바닥에서 뗀다.

Задержавшись в этом положении поднять голову и оторвать локти от пола.

⑥ 오른쪽 무릎을 먼저 세운 뒤 포개어 잡은 손을 바닥에서 떼어 그 위에 얹는다.

Поставить сначала правое колено и оторвав сложенные руки от пола положить на него.

⑦ 오른쪽 무릎에 힘을 주며 일어나서 왼쪽 발을 오른쪽 발과 가지런히 모은다.

Сделав усилие на правое колено встать и параллельно выпрямить левую и правую ногу, соединив их вместе.

4) 여자가 절할 때의 예절
(Этикет совершения поклона женщиной)

▶ 큰절: 부모님. 친척. 어른. 제례 등의 의식행사에 쓰임
Большой поклон: приветствие родителям, родственникам, старшим, используется во время церемонии поминовения и т.д.

① 포개어 잡은 손을 어깨 높이로 수평이 되게 올린다.

Вытянуть сложенные руки горизонтально на уровне плеч.

② 고개를 숙여 이마를 손등에 붙인다(엄지손가락 안쪽으로 바닥을 볼 수 있게 한다.

Склонив голову прикоснуться лбом к рукам(при этом большой палец руки должен смотреть в пол).

③ 왼쪽 무릎을 먼저 꿇은 후 오른쪽 무릎을 왼쪽 무릎과 가지런히 꿇는다.

Сначала согнуть левое колено, затем правое параллельно левому.

④ 오른쪽 발이 앞(아래)이 되게 발등을 포개며 뒤꿈치를 벌리고 엉덩이를 내려 깊이 앉는다.

Сесть глубоко на ягодицы раздвинув колени, и согнув ноги так, чтобы правая нога оказалась снизу.

⑤ 윗몸을 반(45도)쯤 앞으로 굽힌다. 이때 손등이 이마에서 떨어지지 않도록 주의한다.

Верхнюю часть тела согнуть наполовину(под углом 45градусов) вперёд. При этом тыльная часть ладони не должна отрываться от лба.

⑥ 잠시 머물러 있다가 일어난다.

Задержавшись ненадолго в таком положении встать.

⑦ 오른쪽 무릎을 먼저 세운다.

Сначала поставить правое колено.

⑧ 일어나면서 왼쪽 발을 오른 쪽 발과 가지런히 모은다.

Приподнимаясь левую и правую ноги поставить вместе.

⑨ 수평으로 오렸던 손을 원위치로 내리면서 고개를 반듯하게 세운다.

Руки опустить в исходное положение и поднять голову прямо.

▶ 평절: 선생님, 연장자, 형님, 누님 등에 인사
　　　(Упрощённый поклон)

① 포개어 잡은 손을 풀어 양 옆으로 자연스럽게 내린다.

Сложенные друг на друга руки свободно опустить по обе стороны.

② 왼쪽 무릎을 먼저 꿇은 후 오른쪽 무릎을 왼쪽 무릎과 가지런히 모은다.

Сначала согнуть левое колено и затем наравне с ним правое.

③ 오른쪽 발이 앞(아래)이 되게 발등을 포개며 뒤꿈치를 벌리고 엉덩

Блок

이를 내려 깊이 앉는다.

Сесть глубоко на ягодицы так, чтобы правая нога оказалась снизу.

④ 손가락을 가지런히 붙여 모아서 손끝이 밖(양 옆)을 향하게 무릎과 가지런히 바닥에 댄다.

Сложив пальцы рук вместе опустить их на пол рядом с колениями, так, чтобы кончики пальцев смотрели в противоположном направлении.

⑤ 윗몸을 반(45도)쯤 앞으로 굽히며 두 손바닥을 바닥에 댄다(이때 엉덩이가 들리지 않도록 하며, 어깨가 치솟아 목이 묻히지 않도록 팔을 약간 굽혀도 괜찮다.

Верхнюю часть тела согнуть под углом 45 градусов вперёд, обе ладони опустить на пол(при этом ягодицы не должны подняться вверх, и чтобы голова не была втянута в плечи можно немного согнуть руки).

⑥ 잠시 머물러 있다가 윗몸을 일으키며 두 손바닥을 바닥에서 뗀다.

Замерев ненадолго в таком положении приподнять верхнюю часть тела и оторвать руки от пола.

⑦ 오른쪽 무릎을 먼저 세우며 손끝을 바닥에서 뗀다.

Сначала поставить правое колено и оторвать кончики рук от пола.

⑧ 일어나면서 왼쪽 발을 오른 쪽 발과 가지런히 모은다.

Приподнимаясь левую ногу приставить параллельно правой вместе.

⑨ 손을 다시 포개어 잡고 원래 자세를 취한다.

Снова положить руки друг на друга и принять исходное положение.

10. 가족이나 가까운 친척의 상을 당했을 때의 예절
(Этикет при трауре по члену семьи или родственнику)

① 사람이 위독하면 병원에 입원하기도 하나 가능하면 평소 살던 집의 안방으로 모시고 머리가 동쪽으로 향하게 눕힌다.

В предсмертном состоянии пациента ложат в больницу, но по возможности лучше поместить его в спальную комнату в доме, где он прожил всю жизнь головой на восток.

② 환자가 보고 싶어 할 사람과 환자를 보아야 할 사람에게 연락을 취한 뒤 환자의 곁을 떠나지 않고 조용히 지킨다.

После извещения всех, кого хочет видеть больной и тех, кто хотел видеть больного, не отлучаясь от него тихо находиться рядом с больным.

③ 집의 안팎을 정돈하고. 환자가 세상을 떠났을 때 알려야 할 곳을 기록해 정리하고 가족들이 해야 할 일도 각자 준비 한다.

Наведя порядок в доме и снаружи составить список всех, кого надо известить после смерти и распределить между членами семьи обязанности.

④ 환자의 마지막 유언을 조용한가운데 잘 듣도록 한다.

В тихой обстановке внимательно выслушать последнее пожелание больного.

⑤ 환자의 더러워진 옷을 깨끗한 옷으로 갈아입힌다.

Переодеть больного в чистую одежду.

⑥ 가능하면 의사가 환자의 곁을 지키도록 하고 그렇지 못할 때에는 환자의 입이나 코 위에 솜 등을 얇게 펴놓아 숨지는 것을 알 수 있도록 한다.

По возможности постараться чтобы до конца рядом с больным находился врач, если такой возможности нет, то ко рту или к носу больного приложить небольшой кусочек ватки так, чтобы можно было узнать о наступлении смерти.

⑦ 환자가 숨을 거두면 의사를 청해 사망을 확인하고 사망진단서를 받는다.

Как только больной испустит последний вздох вызвать врача и подтвердить факт наступления смерти и получить соответствующий документ о смерти.

⑧ 사망이 확인되면 지키던 가족과 친척들은 슬픔을 다 한다.

После подтверждения факта смерти члены семьи и родственники скорбят по усопшему.

⑨ 숨을 거둔 후 한 시간 내에 반드시 죽은 이의 가족이 주검을 잘 수습하여 모신다(주검이 흐트러지지 않게 다음과 같이 한다.

В течении часа после наступления смерти члены семьи должны правильным образом обработать труп(так, чтобы труп не закостенел в неправильном положении поступить следующим образом).

㉠ 죽은 이의 눈을 쓸어내려 잠자듯이 감긴 후 머리가 남쪽으로 가도록

방의 한쪽에 반듯하게 눕힌다.
Опустить веки усопшего как в состоянии сна и расположить труп в комнате так, чтобы голова была направлена на юг.

ⓒ 주검의 발바닥을 벽에 닿도록 하여 반듯한 모습으로 유지시키고 무릎을 곧게 펴서 붕대나 백지 등으로 묶는다.
Стопы ног расположить так, чтобы они касались стены и закрепить в таком положении, колени расправить прямо и перевязать их бинтом либо чистой тканью.

ⓒ 두 손은 배 위로모아 남자는 오른손이(여자는 왼손이) 위로 가도록 포갠 뒤 역시 붕대나 백지 등으로 묶는다.
Две руки собрать поверх живота так, чтобы у мужчин правая(у женщин левая) рука оказалась сверху и также перевязать бинтом или тканью.

ⓔ 주검의 머리를 반듯하게 유지시키고 입에는 나무젓가락 등에 솜을 말아 물려서 오무려지지 않도록 한 후 솜으로 귀를 막고 가제 등으로 코와 입을 덮어 벌레나 곤충 따위가 들어가지 못하도록 한다.
Голову трупа положить прямо, в рот положить деревянную палочку с намотанной на неё ватой, в уши заложить ватные тампоны, а нос и рот прикрыть марлей так, чтобы в них не могли попасть насекомые.

ⓜ 홑이불로 얼굴을 포함한 몸 전체를 덮는다.
Труп покрывают одеялом, включая лицо.

⑩ 주검 앞을 병풍이나 장막으로 잘 가리고 그 앞에 향상(香床)을 차려 향을 피우며 두 개의 촛대를 좌우에 세워 촛불을 켜 빈소(殯所)를 차

린다.

Перед трупом выставляют ширму или перегородку, перед которыми ставят стол, на котором устанавливают горящие благовония и по обе стороны справа и слева стола ставят свечи.

⑪ 방안을 다시 정리한 뒤 빈소를 지키며 조문객을 맞는다.

Наведя порядок в комнате сидят рядом с поминальным столом и принимают соболезнующих.

⑫ 시신(屍身)을 입관(入棺)한 다음, 가족과 가까운 친척들은 상복으로 갈아입는다. 한복을 입을 경우에는 흰색으로 양복을 입을 경우에는 검은색 양복과 넥타이를 사용한다. 머리에는 무명으로 만든 흰색의 건(巾)을 쓰거나 삼베로 만든 것을 쓰며, 여자의 경우는 흰색 머리쓰개를 쓴다.

После того, как труп помещается в гроб члены семьи и родственники переодеваются в траурный костюм. Если надевается Ханбок, то он белого цвета, если это мужской костюм, то черного и повязывается галстук. На голову повязывается повязка из белого хлопка или головной убор из конопли, женщины повязывают голову белым платком.

11. 제사 지낼 때의 마음가짐
(Душевный настрой при выполнении поминального обряда)

① 복장은 한복이나 양복 정장을 입거나 평상복일 경우에는 화려하지 않은 단정한 옷차림을 한다.

Надеть Ханбок или строгий костюм, если это повседневная одежда, то она не должна быть нарядной, а очень простой.

② 제사 전날에는 몸을 깨끗이 닦고 경건한 마음가짐을 갖는다.

Накануне дня поминовения чисто вымыть тело и настроить себя на благочестивое поведение.

③ 제사준비는 모든 가족이 힘을 모아야 하므로 반드시 부모님을 도와 제사에 함께 참여할 수 있도록 한다.

Подготовка к обряду поминовения проводится при общих усилиях членов семьи, поэтому дети должны непременно помогать родителям при подготовке и участвовать в обряде.

④ 제사를 지낼 때에는 왼손이(여자는 오른손이) 위로 가도록 손을 포개어 잡고 다소곳하게 서 있는다.

При исполнении обряда левая рука должна находиться поверх правой(у женщин левая рука сверху), в таком положении смирно стоять.

⑤ 절을 할 때에는 전통의식에 따라 두 번 절한다.

При совершении поклона по традиции делают 2 поклона.

⑥ 술잔을 올릴 때에는 무릎을 꿇고 단정히 앉아 두 손으로 술을 따른 다음 역시 두 손으로 잔을 받들어 올린다.

При подношении спиртного согнуть ногу в колене, смирно присесть и налить двумя руками спиртное в стопку и поддерживая двумя руками поставить на стол.

⑦ 제사의 진행 절차는 부모님의 지시를 받아 그대로 따른다.

Проведение обряда поминовения проводить строго в соответствии с указаниями родителей.

⑧ 제사가 진행 중일 때에는 옆 사람과 잡담하거나 불필요하게 움직이지 않도록 주의한다.

Во время проведения обряда воздержаться от разговоров с находящимися рядом и не делать лишних движений.

12. 문상을 할 때의 예절
(Этикет при посещении дома, находящего в трауре)

① 옷차림은 화려하거나 색상이 요란한 옷을 피하고 단정하게 입어야 한다.

Воздержаться от нарядной и яркого цвета одежды, надеть строгий костюм.

② 먼저 호상소로 가서 자신의 신분을 알리고 분향소로 안내 받는다.

Сначала надо идти и представить свою личность и затем пройти в комнату поминовения.

③ 영정 앞으로 나아가 향을 피우고 오른손이(여자는 왼손이) 위로 가도록 포개어 잡은 뒤 잠시 서서 죽은 이를 추모하며 슬픔을 나타낸다.

Выйдя вперёд к фотографии покойного зажечь благовоние, сложить руки так, чтобы правая(у женщин левая) оказалась сверху и замереть в таком положении отдав дань почтения усопшему, выразив таким образом скорбь.

④ 두 세 걸음 뒤로 물러나서 영정을 향하여 두 번 절하며, 이때에도 손을 앞의 요령에 따라 포개어 잡는다.

Отойдя на два-три шага назад сделать 2 поклона в направлении фотографии, при этом руки должны быть сложены как указано выше.

⑤ 약간 뒤로 물러나서 상제가 있는 쪽을 향해 선 뒤. 상제에게 한번 절한다.

Немного отойдя назад подойти к родственникам усопшего, встать перед ними и сделать поклон 1 раз.

⑥ 절을 마친 뒤 꿇어 앉아 '얼마나 슬프십니까' 등 상황에 적합한 인사말을 한다.

После завершения поклона присесть и сказать "Как глубока Ваша скорбь" и прочие подходящие для этого слова утешения.

⑦ 조문할 다른 손님이 기다리고 있으면 공손한 자세로 물러난다.

Если есть ещё ожидающие сзади посетители скромно удалиться.

⑧ 다시 호상소로 가서 준비된 부조금품 등을 내놓는다.

Вернувшись в комнату регистрации отдать подготовленный конверт с пожертвованием.

⑨ 대접하는 다과가 있으면 간단히 들고 일어난다.

Если есть комната, где подготовлены угощения для посетителей немного перекусить и встать с места.

⑩ 부모님과 함께 문상을 갈 경우에는 부모님의 지시에 따라 조문한다.

Если визит в траурное место наносится вместе с

родителями, то полностью следовать указаниям родителей.

III. 국기 및 국가에 대한 예절
(Этикет по отношению к флагу и гимну)

국기게양(Поднятие флага)

경축일에는 국기를 게양 하는데 이때는 깃봉과 깃폭 사이를 띄지 않고 게양을 하고 국가적으로 조의를 표할 때에만 깃봉과 깃폭 사이를 기폭만큼 내려(조기) 게양합니다.

В праздничные дни осуществляется поднятие флага, при этом флаг вывешивается вместе с наконечником не приспускаясь на ширину флага, и только при трауре, объявленном на государственном уровне флаг приспускается на ширину полотнища флага от наконечника.

• 국기 다는 날(경축일)
Даты, когда вывешивается государственный флаг (праздничные дни)

3월1일(3.1절), 7월17일(제헌절), 8월15일(광복절), 10월1일(국군의 날), 10월3일(개천절), 10월9일(한글날)

1 марта(День поминовения - Самильджоль),
17 июля(День конституции - Джехонджоль),
15 августа(День освобождения - Гванбокджоль),

1 октября(День Вооруженных сил - Гукгуный наль),
3 октября(День образования государства - Гечонджоль),
9 октября(День корейской письменности - Хангыльналь).

- 조기 다는 날(Приспускание флага в трауре)

  6월 6일(현충일)

  6 июня(День памяти - Хёнчуниль)

:: 국기에 대한 예절(Этикет по отношению к флагу)

① 국기는 국가의 상징이므로 게양하지 않을 때에는 반드시 깨끗한 함에 넣어 소중하게 보관한다.

Флаг является государственной символикой и если он не вывешивается, то он должен бережно храниться в чистой коробке.

② 국기의 색이 바라거나 더렵혀진 경우, 낡아서 더 이상 사용이 곤란한 경우에는 반드시 소각하도록 한다.

Если флаг выцвел или загрязнился, износился и больше не пригоден к использованию, то его непременно надо сжечь.

③ 국기를 게양하거나 내릴 때에는 국기가 땅에 닿거나 끌리지 않도록 주의 한다.

При вывешивании и снятии флага остерегаться касания и волочения по земле.

④ 국경일이나 현충일 등의 기념일에는 반드시 국기를 게양하도록 하며, 가정에서 국기를 게양할 때에는 집밖에서 보아 대문의 왼쪽에 게양한다.

В праздничные дни или дни траура, другие памятные даты непременно надо вывешивать флаг, если флаг вывешивается частными лицами, то он должен находиться с левой стороны ворот по отношению к находящемуся снаружи.

⑤ 평상시나 경축일 등에 게양할 때에는 국기를 깃봉 바로 밑에 이어 게양한다.

В повседневности или в праздничные дни флаг вывешивается на флагштоке и крепится непосредственно под наконечником.

⑥ 현충일 등 조의를 표해야 할 때에는 깃봉과 깃면 사이를 깃면의 너비만큼 띄워 게양한다. 단, 깃대가 짧을 경우 깃대의 중간 위치에 국기를 게양한다.

В День памяти и прочие траурные дни флаг приспускается от наконечника на ширину полотнища. Однако если флагшток короткий, то флаг крепится посередине.

⑦ 비나 눈이 올 때에는 국기를 게양하지 않는다. 게양한 후에 비나 눈일 올 경우에는 즉시 거두어들였다가 날이 개면 다시 게양한다.

В дождливую и снежную погоду флаг не вывешивается. Если после вывешивания пошел дождь или снег, то флаг немедленно снимается и после их прекращения вывешивается снова.

⑧ 국기에 대한 경례를 할 때, 평상복 입은 사람은 국기를 향해 바른 자세로 서서 오른손을 펴서 왼쪽가슴에 올리고 국기에 주목한다.

При воздаянии чести флагу человек, одетый в

повседневный костюм встает по направлению к флагу в правильной позе выпрямив правую руку прикладывает её к левой груди и равняется на флаг.

⑨ 평상복 입은 상태에서 모자를 쓰고 있을 경우에는 오른손으로 모자를 벗어들고 안쪽을 왼쪽가슴에 댄 채 국기에 주목한다.

Если в повседневном костюме на голове надет головной убор, то он снимается правой рукой и прикладывается к левой груди так, чтобы внутренняя часть убора была направлена к груди.

⑩ 군인이나 경찰관 등 제복을 입은 사람은 거수경례를 하고 국기에 주목한다.

Военные лица, милицейские сотрудники одетые в форму равняются на флаг отдавая салют, приставив руку к голове.

⑪ 국기의 게양식 및 하강식이 진행될 때, 국기를 볼 수 있는 위치에 있는 사람은 국기를 향하여 경계를 하며, 애국가 연주만 들리는 경우에는 그 방향을 향해 바른 자세로 선 채 연주가 끝날 때까지 움직이지 않는다.

В процессе поднятия и спускания флага человек, находящийся в положении, из которого виден флаг равняется на него, и только в случае, если слышна мелодия гимна поворачивается по направлению туда и стоя в положении смирно не двигается до окончания гимна.

Блок

- 태극기(국기)(Государственный флаг)
  - 태극기에 담긴 뜻(Символика государственного флага)
    - ☐ 바탕 – 흰색 우리 민족이 좋아하는 색 ⇒ 백의민족
      - 깨끗함, 순박함, 평화를 나타냄.
    - ☐ Фон – белый цвет- любимый цвет корейского народа → отсюда одно из самоназваний корейского народа– бегый минджок («нация в белых одеждах»)
      - символизирует чистоту, однородность, миролюбие.

  ○ 원 – 태극무늬를 둘러싸고 있는 원은 우주를 상징
    – 단일성, 원만함, 통일성을 나타냄.
  ○ Круг – Знак Великого предела в виде круга, в котором две половинки синего и красного цветов, как бы перетекая друг в друга, схематически изображают вихрь – это традиционный рисунок, использовавшийся в Корее с древности. Синий цвет, соответствуя женскому началу инь в китайской натурфилософии, является символом надежды. Красный цвет, будучи связан с мужским началом ян, означает благородство. «Перетекание» этих двух стихий из одной в другую отражает созидательное начало, когда в рамках противоборства существует и взаимозависимость. Таким образом, Великий предел представляет собой начало всех начал

и источник человеческой жизни. Совершая круговорот бесконечное количество раз, Великий предел вечен.

◐ 태극무늬 – 위쪽(붉은색) ~ 양의 세계
　　　　　– 아래(파란색) ~ 음의 세계
　　　　　– 우리 민족의 무궁한 발전과 창조정신을 나타냄.
◐ Узор внутри круга – сверху (красный цвет) - мужское начало ян
　　　　　снизу (синий цвет) – женское начало инь
　– символизирует процветание и мудрость корейского народа.

- 태극기(4괘)(Триграмма(4))
  – 건(☰): 하늘을 나타냄
  　계절: 여름 / 방향: 동쪽 / 뜻: 너그럽고 어짊(인)
  　Гон(☰): символ неба
  　　Сезон года: лето / направление: восток / значение: понимание, гуманность(ин)

  – 곤(☷): 땅을 나타냄
  　Гон(☷) : символ земли
  　　Сезон года: лето / направление: запад / значение: справедливость(ый)

  – 감(☵): 달 또는 물을 나타냄

계절: 겨울 / 방향: 북쪽 / 뜻: 지혜(지)

Гам(☵) : символ луны, воды
Сезон года: зима / направление: север / значение: мудрость(джи)

– 이(☲): 해 또는 불을 나타냄
계절: 가을 / 방향: 남쪽 / 뜻: 예의(예)

Ли(☲) : символ солнца, огня
Сезон года: осень / направление: юг / значение: вежливость(йе)

국가(國歌)에 대한 예절 (Этикет по отношению к гимну)

① 우리의 국가인 애국가(愛國歌)에 대해서는 4절까지의 가사 전체를 정확히 알고 있어야 함은 물론 그 속에 포함된 의미도 이해하고 있어야 한다.

Естественно необходимо знать все 4 куплета гимна нашей страны и понимать содержание текста.

② 국민 의례시 애국가 제창은 4절까지 하는 것을 원칙으로 하나, 부득이한 경우에는 1절만 제창 할 수도 있다.

Во время государственных церемоний как правило исполняются все 4 куплета государственного гимна, но в некоторых случаях возможно исполнение только 1 куплета.

③ 애국가를 제창할 때에는 경건한 마음으로 일어서서 끝날 때까지 움직이지 않는다.

Во время исполнения гимна надо встать с благочестивым настроем и не двигаться до его окончания.

④ 보행중이거나 기타 다른 일을 하다가도 애국가 연주나 가창이 들리면 즉시 바른 자세를 취하고 끝날 때까지 움직이지 않는다.
Если звуки гимна слышны во время ходьбы или занятия какой-либо деятельностью в тот же момент надо принять положение смирно и не двигаться до окончания гимна.

⑤ 애국가는 어떤 경우라도 가사를 함부로 고쳐 부르거나 곡을 변조하여 불러서는 안 된다.
Ни в коем случае нельзя произвольно изменять текст или мелодию гимна.

애국가(국가)(Гимн)

- 애국가 가사에 담긴 뜻
  (Транслитерация гимна Южной Кореи)

  – 제1절
  동해물과 백두산이 마르고 닳도록 하느님이 보우하사 우리나라 만세
  (넓고 깊은 동해 바다 와 높고 푸른 백두산은 우리의 상징이다. 단군 시대부터 오늘날까지 긴 역사를 지켜 왔다.)

  1. Донгхе мульгва Бектусани марыго дальтхорок
     Ханыними боухаса ури нара мансэ Припев Chorus

  – 제2절
  남산위에 저 소나무 철갑을 두른 듯 바람서리 불변함은 우리 기상일

세(소나무의 푸른 모습에서 충신, 열사의 지조를 생각한다. 어려움 속에서도 뜻을 굽히지 않는 지조는 우리의 자랑이다.)

2. Намсан вие джосонаму чольгабыль дурындыт
   Барамсори бульпхёнхамын ури гисан ильсэ Припев Chorus

– 제 3절

가을하늘 공활한데 높고 구름없이 밝은 달은 우리 가슴 일편단심일세(맑고 푸른 가을 하늘을 이상으로 갖는다. 나라와 겨레를 위하여 충성심을 가슴 깊이 간직한다.)

3. Гаыль ханыль гонхвальхандэ нопхко гурымопщи
   Бальгын дарын ури гасым ильпхёнданщим ильсэ
   Припев Chorus

– 제4절

이 기상과 이맘으로 충성을 다하여 괴로우나 즐거우나 나라사랑하세(우리민족은 평화를 상징하는 민족이다. 끊임없는 침략 속에서도 우리민족은 단결하여 외적을 물리친다.)

4. И гисангва и мамыро чунсонгыль дахаё
   Гвероуна джыльгоуна нара саранхасэ Припев Chorus

– 후렴

무궁화 삼천리 화려강산 대한 사람 대한으로 길이 보전하세(무궁화 피어나는 우리 강산은 아주 아름답다. 우리 모두 삼천리강산에 무궁화를 심고 가꾸자. 다 같이 힘 모아 나라를 지키자.)

Припев CHORUS:

   Мугунхва самчонли хварёгансан
   Дэхансарам дэханыро гири боджонхасэ

나라꽃 무궁화
(Государственный цветок Роза Шарона(Гибискус))

① 반만년 유구한 역사와 더불어 흐르는 배달겨레의 얼이 담긴 꽃

Цветок олицетворяющий 5 тысячелетнюю историю нашего народа, отличающегося упорством и мудростью, сохранившего национальную культуру с древних времен до сегодняшнего дня.

② 일출(해뜸)과 동시에 피어서 일몰(해짐)과 함께 지는 항상 새로운 꽃

Расцветая на восходе солнца и увядая на закате, цветок символизирует стойкость духа корейского народа.

③ 7월에 10월까지 100일간에 걸쳐 끊임없이 피어나는 꽃

Цветы гибискуса цветут с июля по октябрь, на смену завядшему распускается новый цветок.

④ 8월 15일경에 가장 활짝피며 태극모형의 씨를 가진 꽃

Разгар цветения гибискуса приходится на 15 августа, семена по форме напоминают изображение флага.

⑤ 애국가 후렴속에 항상 피어나는 조국통일을 염원하는 꽃.

В припеве гимна гибискус воспевается как символ надежды на объединение вечно процветающей родины.